LA BERLINE DE L'ÉMIGRÉ,

DRAME EN CINQ ACTES,

Par MM. Mélesville et Hestienne.

Musique de M. Alexandre Piccini.

Représenté pour la première fois, à Paris, sur le théâtre de la Porte-Saint-Martin, le 27 juillet 1835.

PERSONNAGES.	ACTEURS.	PERSONNAGES.	ACTEURS.
Le Marquis de SAVIGNY,	MM. Delafosse.	Un OFFICIER municipal.	MM. Vissot.
EUGÈNE LECLERC, jeune peintre.	Chilly.	Un SOUS-LIEUTENANT.	Touhnan.
LUCEVAL, idem,	Jemma.	Un SOLDAT.	Bernard.
GERMAIN, intendant du Marquis.	Auguste.	PALTOQUET, garçon d'auberge.	Marchand.
PASCAL, fils de Germain, sellier-carrossier.	Lockroy.	Un CRIEUR.	Fonbonne.
BELHOMME, modèle.	Serres.	CÉCILE, fille du Marquis de Savigny.	Mmes Adolphe.
Un REPRÉSENTANT du Peuple.	Alfred.	Mme BELHOMME, blanchisseuse.	Mélanie.
Un GUICHETIER, en chef.	Moessard.	HENRIETTE, femme de Pascal,	Moralès.
Un GARDIEN de Prison.	Duplanty.	LETOURNEAU, tambour.	Astruc.

ACTE PREMIER.

Le théâtre représente un salon au rez-de-chaussée de l'hôtel du Marquis ; au fond, une porte vitrée et de hautes croisées, laissent voir la cour de l'hôtel et ses dépendances. A gauche du spectateur, la porte cochère ; à droite, les remises.

SCÈNE I.

SAVIGNY, CÉCILE.

Au lever du rideau, on entend dans l'éloignement le bruit du tambour et de cris confus, qui cessent bientôt après.

CÉCILE, à Savigny. Eh bien, mon père?

SAVIGNY, écoutant. Ils s'éloignent...

CÉCILE. Ah! je respire... j'avais une peur qu'ils ne voulussent entrer dans la cour...

SAVIGNY. Pauvre enfant, quelle existence!

CÉCILE. Ah! le ciel m'est témoin que je ne tremble pas pour moi! aussi, je suis heureuse d'être toujours là près de vous, il me semble que la présence de votre fille est une sauvegarde ; et qu'ils n'oseront venir vous chercher dans mes bras.

SAVIGNY, écoutant. Chut! écoute...

CÉCILE, inquiète. Quoi donc?

SAVIGNY, voyant entrer Germain. Non! c'est notre vieux Germain.

SCÈNE II.

Les Mêmes, GERMAIN.

SAVIGNY. Eh bien, Germain?

GERMAIN. Rassurez-vous, monsieur

le marquis, ils ont passé le pont! je les ai suivis jusqu'au bout de la rue... tout est tranquille, maintenant.

SAVIGNY. A quels malheureux en voulaient-ils donc encore?

GERMAIN. Du tout! c'était de la joie, du bonheur à leur manière... Ce sont les sections qui vont féliciter les districts, parce qu'ils ont sauvé la patrie... la commune qui va féliciter la Convention parce qu'elle a sauvé la patrie... la Convention qui félicite la nation, parce qu'elle a sauvé... ils passent leur vie à sauver la patrie, et à se féliciter... en attendant qu'ils se dénoncent et se déchirent...

SAVIGNY. Ah! As-tu vu mon notaire?

GERMAIN. Il était de garde à l'Abbaye! il va venir dans un moment.

SAVIGNY. Qu'est-ce que cela?

GERMAIN. Les journaux! Et puis une lettre qu'un homme m'a glissée dans la foule... J'ai cru reconnaître le valet-de-chambre du baron de Bracy.

SAVIGNY. De Bracy, mon ancien compagnon d'armes, un des premiers qui aient passé la frontière... (*Il prend le papier.*) C'est bien, Germain, je n'y suis pour personne... excepté pour mon notaire...

GERMAIN. Cela suffit, monsieur le marquis.

Il sort.

SCÈNE III.
SAVIGNY, CÉCILE.

SAVIGNY, *ouvrant la lettre.* Que peut renfermer ce papier.

CÉCILE. Quelqu'avis important.

SAVIGNY, *la parcourant des yeux.* C'est de Bracy, oui, il m'exhorte à aller le rejoindre sur-le-champ... il prétend que les plus grands périls... (*Lisant.*) « Le parti » qui opprime la France, a juré d'en finir » avec les débris de la noblesse ; il prépare » ses coups dans l'ombre et ne tardera pas » à frapper! hâtez-vous, vous n'avez qu'un » moment. »

CÉCILE. Il faut suivre son conseil, il faut partir, mon père.

SAVIGNY. Partir! mon enfant, quitter son pays... sait-on jamais quand on y revient! et puis te quitter, toi, ma Cécile!

CÉCILE. Oh! non, je partirai aussi, votre sort est le mien! ne craignez pas que je manque de force, de résolution... mais si vous succombiez victime de votre confiance; ah! c'est alors que vous vous reprocheriez de m'avoir laissée seule au monde, sans défense, sans appui. Pourquoi donc n'avez-vous pas suivi l'exemple de tous vos amis? pourquoi n'avoir pas émigré avec eux?

SAVIGNY. Je ne blâme personne mon enfant! mais j'ai toujours pensé qu'un soldat ne pouvait mourir avec honneur, qu'auprès de son drapeau, et notre drapeau à nous, c'était le roi... que Dieu juge ceux qui l'on abandonné! moi, je suis resté près de lui jusqu'au dernier moment, et je crois avoir fait mon devoir! plus tard, mon vieil attachement à mon pays me retenait encore, j'espérais le retour de l'ordre, je me flattais que l'énergie des gens de bien arrêterait ce torrent qui menace de tout engloutir... enfin, te l'avouerai-je, en mettant ma tête à l'abri, en m'exilant volontairement, c'était exposer tes biens, ton héritage, que je voulais te conserver.

CÉCILE, *avec élan.* Des biens, ai-je donc maintenant d'autre fortune que toi! toi, mon père... et ne serai-je pas toujours riche tant que tu me resteras.

SAVIGNY. Chère enfant! mais il ne faut pas non plus s'exagérer le danger de notre position... retirés dans cet hôtel, vivant sans bruit, sans faste, nous serons oubliés, l'orage passera sans nous atteindre! ne sommes-nous pas d'ailleurs, entourés d'amis, de serviteurs dévoués! mon vieux Germain, l'ancien valet-de-chambre de mon père, qui nous a vus naître tous! il ne parle jamais de son attachement, mais il donnerait sa vie pour nous! son fils Pascal, que j'ai marié, établi, et que dans sa jeunesse j'ai même sauvé d'une ruine complète! enclin à la dissipation, un penchant funeste pour le jeu, de mauvaises connaissances; ce pauvre Pascal avait fort mal débuté; il désolait son père, qui avait renoncé à en faire jamais un bon sujet... eh bien, nous nous trompions, il s'est corrigé... il paraît même que depuis son mariage, il s'est acquis une petite fortune, un certain crédit dans son état de sellier-carrossier, il n'a pas oublié ce que j'ai fait pour lui... il est influent dans son quartier, un des premiers de sa section, et il nous servirait aussi dans l'occasion! enfin, notre cher Eugène, qui veille sur nous avec la tendresse d'un fils.

CÉCILE. Oh! oui, c'est sur lui surtout que je compte; une âme si noble.

SAVIGNY. Si généreuse... comme son père! bon et digne Leclerc, un brave maréchal-des-logis de mon beau régiment de dragons! en mourant à mes côtés, il me fit son héritier, il ne laissait qu'un pauvre enfant! moi, son colonel, cela me revenait de droit... aussi, je suis fier de mon fils adoptif, Eugène est déjà un artiste distingué...

CÉCILE. Un peintre du plus grand talent!

SAVIGNY. Un peu partisan des idées nouvelles! un jeune homme, c'est tout simple! mais plein d'honneur, d'amour pour son pays.

CÉCILE. Et comme il est aimé de ses camarades... voyez! il a été nommé tout de suite capitaine du bataillon du Louvre, que les artistes de Paris viennent de former... et il ne se sert de son grade que pour protéger ceux que l'on persécute.

SAVIGNY. Eh bien, il nous défendrait aussi, si le danger devenait plus pressant! mais, il n'y a pas d'apparence, cet état de fièvre ne peut durer... et je suis sûr que les nouvelles d'aujourd'hui... O ciel!

CÉCILE. Mon père, vous pâlissez!..

SAVIGNY, *accablé*. Ah! il n'y a pas de force qui puisse lutter...

CÉCILE. Qu'est-ce donc, au nom du ciel!

SAVIGNY. Ne lis pas, ne lis pas! tu ne pourrais supporter!.. La comtesse de Pramont... le chevalier de Lostange... nos parens... nos amis les plus plus chers... ce matin même... sur l'échafaud...

CÉCILE. O mon Dieu! Hésiterez-vous encore?

SAVIGNY. Non! mais du calme, ma Cécile, je t'en conjure, ton agitation pourrait nous devenir funeste... je vais tout préparer, je te le promets... à tout événement j'avais déjà pris mes mesures... dans deux jours nous serons partis...

CÉCILE. Dans deux jours!

SAVIGNY. Silence!

SCÈNE IV.

Les Mêmes, GERMAIN.

GERMAIN. Le notaire de monsieur le marquis est allé l'attendre dans son cabinet.

SAVIGNY. Il arrive à propos.

GERMAIN. Il y a là aussi, madame Belhomme, la blanchisseuse de l'hôtel qui désire parler à monsieur.

SAVIGNY. A moi? que me veut-elle?

GERMAIN. Je ne sais, elle vient rendre son linge... ses comptes... et comme il paraît qu'elle n'exercera plus son état elle tient à avoir un reçu définitif, de monsieur le marquis.

SAVIGNY. Charge-toi de cela, Cécile...

reçois cette brave femme! Du courage! Germain! vous viendrez dès que mon notaire sera parti...

GERMAIN. Oui, monsieur...

Savigny sort de côté.

SCÈNE V.

CÉCILE, GERMAIN, *puis* M. *et* MAD. BELHOMME.

GERMAIN. Entrez, madame Belhomme.

BELHOMME. Viens donc, femme! tu t'amuses à bavarder... il ne faut pas faire attendre le citoyen marquis... puisqu'il a la bonté... Tiens! il n'y est pas.

CÉCILE. Mon père est occupé dans ce moment, monsieur... il a pensé que je pouvais le suppléer.

BELHOMME. Il a parfaitement raison, ma belle demoiselle, lui ou vous, vous ou lui, c'est absolument la même chose... et ça ne vaut pas la peine de le déranger.

MAD. BELHOMME. Comment? comment? qu'est-ce que vous dites, Belhomme, et pourquoi donc êtes-vous venu.

BELHOMME. Parce que tu m'as dit de te donner le bras! je n'en sais pas davantage...

MAD. BELHOMME. Vous voyez bien alors que vous ne pouvez pas juger.

BELHOMME. Oh! ça ne m'empêcherait pas.

MAD. BELHOMME. C'est bien, en voilà assez, taisez-vous.

GERMAIN. Il me semble, madame Belhomme, que pour un reçu... ma signature...

CÉCILE. Ou la mienne.

BELHOMME. Mon Dieu! tout le monde peut en donner, des reçus... j'en donne aussi, moi, quand ma femme n'y est pas...

MAD. BELHOMME. Tais-toi! Je vous demande bien pardon d'insister, mais j'ai mes raisons, voyez-vous; et sans déplaire au citoyen Germain, sans vouloir offenser la jolie citoyenne... c'est la signature du citoyen Savigny qu'il nous faut! dam! je rapporte mon linge, il ne manque pas un mouchoir, il faut qu'on le reconnaisse, n'est-ce pas?

BELHOMME. Ça, c'est juste, parce que...

MAD. BELHOMME. Tais-toi!

BELHOMME. C'est clair.

MAD. BELHOMME, *à Cécile*. Et puisque nous allons nous quitter.

CÉCILE. Comment, madame Belhomme, vous ne voulez donc plus de notre pratique?

MAD. BELHOMME. Ce n'est pas ma faute, ma belle demoiselle, je suis si attachée à la maison, de si braves gens, votre excellent père, la perle des hommes... et vous, qui ressemblez tant à votre bonne mère... ah! pardon, je vais vous rappeler... (*A Belhomme.*) Tais-toi donc, Belhomme! Et puis, voyez-vous j'aime mon état! quand on savonne depuis quarante ans de mère en fille... mais j'ai la sottise d'aimer encore plus mon mari... et puisqu'il part, il faut bien que je parte avec lui.

GERMAIN. Le citoyen Belhomme quitte Paris?

BELHOMME, *avec aplomb*. Oui, citoyen, c'est une désolation dans les arts, moi! le premier modèle de l'académie de peinture, la dernière tradition vivante des formes antiques! mais que voulez-vous, la gloire m'appelle... la victoire me tend les bras pour me couronner de lauriers! je ne peux pas la faire attendre.

CÉCILE. Il me semble que vous aviez déjà une assez belle portion de renommée.

BELHOMME. Je ne dis pas! je possède une certaine célébrité... je ne crains personne pour la pose herculéenne, et le jeu des muscles; j'ai du grandiose dans l'attitude, de l'audace dans le regard, du moelleux dans le sourire, et chose inappréciable, ça par exemple, c'est un don de nature, c'est le citoyen David lui-même qui me l'a dit mille fois... j'ai... oh! mais absolument! j'ai le nez de Jupiter olympien, l'oreille d'Annibal, et le poignet de Milon de *Cretonne*.

GERMAIN. C'est un cabinet de médailles à lui tout seul.

BELHOMME. Aussi, il n'y a pas un tableau d'un grand maître, où je ne sois pour quelque chose! on m'y retrouve en détail... le nez, le poignet, les oreilles.

CÉCILE. Et cette gloire ne vous suffit pas?

MAD. BELHOMME. Mon Dieu non, il lui a pris une belle rage, il veut aller à l'armée, se faire tuer comme les autres.

BELHOMME, *avec sang-froid*. Ce serait malheureux pour l'école française, mais tous mes artistes partent, il faut que je sois là, à la tête de mon régiment...

GERMAIN. Vous êtes colonel?

BELHOMME. Mieux que ça... tambour major... à cause de la noblesse de mes poses! vous concevez quel avantage... un de mes jeunes gens veut travailler, il me fait signe: « Belhomme, hum! » je dis: *Halte!* je me place... Il prend son crayon, et nous faisons un chef-d'œuvre à nous deux... un *Titus* ou un *Marc-Aurèle*; ça fait prendre patience, en attendant qu'on brosse les Autrichiens... si je n'y étais pas, qu'est-ce qu'ils trouveraient, de méchans modèles, pas de style, pas de contours; des visages sans poésie, sans feu sacré, des Grecs et des Romains de la vierge Marie... Oh! qu'est-ce que je dis donc là, moi! la vierge Marie! une ci-devante... si Robespierre m'entendait... Je ne crois qu'en l'être suprême, un et indivisible...

GERMAIN. Mais mon cher Belhomme, vous qui avez passé votre vie dans les ateliers; comment allez-vous faire?

BELHOMME. Le génie se ploie à tout... j'ai posé pour le jeune Horace du citoyen David, et le jeune Horace était un Grec de première qualité, ce qui ne m'empêchait pas le lendemain de poser pour Apollon qui danse la carmagnole avec ses sœurs, les citoyennes les muses... et quand on a fait Apollon et le jeune Horace! le tambour-major est une bien légère difficulté.

GERMAIN. Et vous partez?

MAD. BELHOMME. Après demain.

BELHOMME. Fixe et invariable.

MAD. BELHOMME. N'y a plus moyen de les retenir, toutes les têtes sont à l'envers, celui-ci même qui était l'homme le plus tranquille, le plus doux, je ne le reconnais plus.

BELHOMME, *gravement*. Ma femme! citoyenne Belhomme, la république m'appelle, je suis un lion; d'ailleurs, je vous l'ai déjà dit, pour les affaires de ménage, je vous laisse la haute main, je ne m'en mêle pas... laissez-moi la direction des arts et de la politique, contentez-vous de nous suivre avec les comestibles qui soutiennent la vie animale, parce que le patriotisme le plus pur a encore besoin de pain de munition! vous verrez quand nous défilerons sous la porte Martin, quelle tenue! le bataillon du Louvre, le bataillon des artistes... une collection de profils.

CÉCILE, *vivement*. Le bataillon du Louvre! eh mais, M. Eugène Leclerc est un des capitaines.

BELHOMME. Le citoyen Leclerc...

MAD. BELHOMME. Un aimable jeune homme.

BELHOMME. Un de mes cliens les plus distingués! parbleu, il me doit encore trois séances de Coriolan... et l'avant-bras de *Mutius Scévola*... ça se trouvera avec autre chose...

CÉCILE. Et il va partir... il va se battre!

BELHOMME. C'est lui qui commande la colonne.

CÉCILE. Ah! mon Dieu! et mon père ne sait pas... le voici.

M. et MAD. BELHOMME, *avec respect.* Monsieur le marquis.

SCÈNE VI.
Les Mêmes, SAVIGNY.

SAVIGNY. Pardon, madame Belhomme, je vous ai fait attendre.

MAD. BELHOMME. C'est moi... qui suis confuse de... mon importunité, monsieur le marquis... mais je tenais à vous parler à vous-même.

SAVIGNY. Me voici prêt à vous entendre.

BELHOMME, *légèrement.* C'est une affaire de femme, monsieur le marquis, une affaire de blanchissage... mais j'ai profité de l'occasion pour vous présenter mes respects et mes adieux civiques.

SAVIGNY. Vous partez, mon cher Belhomme.

CÉCILE, *à son père.* Et M. Eugène aussi.

SAVIGNY, *lui faisant signe de se contenir.* C'est très bien, je ne puis qu'approuver ceux qui volent à la défense de leur pays.

BELHOMME. Voyez-vous, j'étais sûr que monsieur le marquis... nous avons toujours eu la même opinion! (*Au marquis.*) Ah! c'est que la république, voilà ce qu'il y a d'admirable dans la république, on n'est esclave de personne, personne n'a d'ordre à vous donner... et...

MAD. BELHOMME, *Belhomme...*

BELHOMME. Hein?

MAD. BELHOMME. Fais-moi donc le plaisir d'aller m'attendre de l'autre côté...

BELHOMME. Tout de suite, chère amie. Voilà l'avantage de l'indépendance.

GERMAIN. Vous vous rafraîchirez volontiers, citoyen Belhomme?

BELHOMME. Ça n'est pas de refus.

SAVIGNY. Vas, vas, mon enfant.

CÉCILE. Moi aussi... C'est singulier.

BELHOMME. Citoyenne, je te laisse avec confiance... je me retire avec estime... (*A Germain qui le presse.*) Je te suis, vieillard vénérable... quelle tête onctueuse, il aurait bien posé pour le citoyen Priam... Monsieur le marquis, salut et fraternité.

Il sort avec Germain, Cécile rentre chez elle.

SCÈNE VII.
SAVIGNY, MAD. BELHOMME.

SAVIGNY. De quoi s'agit-il donc, ma chère madame Belhomme.

MAD. BELHOMME. Personne ne peut nous entendre, monsieur le marquis.

SAVIGNY. Personne! mais à quoi bon pour une simple quittance.

MAD. BELHOMME. Une quittance? est-ce que j'en ai besoin avec vous, monsieur le marquis, ce n'était qu'un prétexte.

SAVIGNY. Un prétexte.

MAD. BELHOMME. Je ne voulais pas devant mon mari... non pas que ce soit un brave et honnête homme, excellent républicain; incapable de faire du mal à un enfant... mais une tête de linotte, qui parle à tort, à travers, et qui, quand il a bu un petit coup, embrouille les Grecs et les Romains, que c'est une bénédiction, et comme la chose est fort sérieuse.

SAVIGNY. Comment?

MAD. BELHOMME. Dam! tous ceux qui vous connaissent vous aiment, vous chérissent, un si brave homme, et s'il vous arrivait malheur.

SAVIGNY. Au nom du ciel, expliquez-vous?

MAD. BELHOMME. Voilà! Vous savez peut-être que j'ai l'avantage de blanchir le citoyen Robespierre... bonne pratique, il n'est pas comme ces républicains en carmagnole et sans cravatte... oh! oh! c'est un vrai sans-culottes, lui! toujours bien mis, coiffé à l'oiseau royal, tiré à quatre épingles, beau linge, et faut qu'il soit repassé, soigné, ni plus ni moins que pour une jeune mariée... il affectionne surtout les gilets de piqué blanc, et il en consomme... ah! Voilà qu'hier en en mettant un dans le baquet, je retourne la poche, comme c'est l'usage, et j'y trouve un chiffon de papier, avec beaucoup d'écriture, et une ribambelle de noms...

SAVIGNY. Une liste de proscription.

MAD. BELHOMME. Je ne sais pas, mais ce qui m'a sauté aux yeux tout de suite, c'était votre nom en toutes lettres, monsieur le marquis.

SAVIGNY Mon nom?

MAD. BELHOMME. Vous savez qu'on se passerait volontiers d'être sur le souvenir du citoyen Robespierre... on n'est pas très bien dans ses papiers.

SAVIGNY. Cette liste... l'avez-vous encore...

MAD. BELHOMME. La voici...

SAVIGNY, *y jettant les yeux.* O ciel... un projet d'acte d'accusation...

MAD. BELHOMME. Je m'en doutais...

SAVIGNY, *lisant toujours.* Demain!.. demain!.. il était trop tard... j'étais perdu sans ressource!.. Oui!... sans vous!...

MAD. BELHOMME. Vrai!.. Ah! que je

suis contente d'être venue... ça me tracassait depuis hier... je me disais... mon Dieu... je vais partir... et si par ma faute... ce bon M. de Savigny... Ah! je n'en aurais plus dormi de ma vie!..

SAVIGNY. Mais en m'avertissant... savez-vous que vous jouez votre tête...

MAD. BELHOMME. Oh ça... c'est différent... ça ne m'empêchera pas de dormir.. je n'y ai pas pensé une minute...

SAVIGNY. Bonne et excellente femme!.. Comment jamais m'acquitter...

MAD. BELHOMME, *émue*. Mon Dieu... vous ne me devez rien... dans ce temps-ci... est-ce que les honnêtes gens ne doivent pas se tendre la main!.. Il en part beaucoup malheureusement... notre tour peut venir d'un moment à l'autre... Eh bien... faut tâcher de s'en aller la conscience libre et le cœur content.

SAVIGNY. Ah! ma reconnaissance...

MAD. BELHOMME. Il ne s'agit pas de cela, M. le marquis... mais de vous en aller le plus tôt possible...

SAVIGNY. Ce soir même...

MAD. BELHOMME. A la nuit...

SAVIGNY. En secret...

MAD. BELHOMME. C'est cela...

SAVIGNY. Je cours donner les ordres. (*Appelant.*) Germain.

MAD. BELHOMME. Moi, je m'en retourne bien vîte...

SAVIGNY. Un moment... avant de nous quitter... je veux que ma fille vous voie... qu'elle sache... que c'est vous qui lui conservez son père... Germain!.. Cécile!..

MAD. BELHOMME. Du tout!.. ce n'est pas nécessaire... je n'ai fait que mon devoir... et je suis si heureuse...

Cécile entre; et ensuite Germain.

SCÈNE VIII.

Les Mêmes, CÉCILE, GERMAIN.

CÉCILE. Que voulez-vous, mon père?..

SAVIGNY, *lui montrant madame Belhomme*. Cécile!.. mon enfant... viens, embrasse cette digne femme... sans elle... tu étais orpheline...

CÉCILE, *frappée et courant à elle*. O mon Dieu!.. comment?..

SAVIGNY, *se mettant à une table, et écrivant à la hâte quelques billets*. Tu le sauras, mais embrasse-la bien...

CÉCILE, *l'embrassant à plusieurs reprises*. Oh! de grand cœur... et mille fois... c'est à vous?.. à vous que je dois mon père...

MAD. BELHOMME, *très émue*. Mon Dieu.. ma belle demoiselle... il ne faut pas pleurer pour ça... (*S'essuyant les yeux.*) Dieu me pardonne v'là que j'en fais autant...

GERMAIN, *paraissant*. M. le marquis m'a appelé.

SAVIGNY, *fermant deux lettres*. Germain, vîte ce mot pour Eugène!.. qu'on le cherche partout!.. j'ai besoin de lui... à l'instant... celui-ci pour ton fils Pascal. La voiture que je lui ai commandée, et qui est prête depuis long-temps... qu'il la fasse conduire ici, sur-le-champ... par la cour des remises.

GERMAIN. La voiture...

SAVIGNY. Nous partons ce soir.

CÉCILE. Ce soir?..

SAVIGNY. Le plus grand silence... que personne ne soupçonne...

GERMAIN. Vous êtes donc menacé...

SAVIGNY. Oui!.. je comptais t'emmener, mon bon Germain; mais ton âge... les dangers de cette fuite...

GERMAIN. Les dangers!.. vous me laisseriez!.. oh c'est impossible!.. moi, qui ne vous ai jamais quitté... je veux être près de vous... toujours... j'en ai le droit, monsieur, et si mes derniers jours peuvent encore vous être utiles... j'aurai rempli ma destinée.

SAVIGNY. Soit!.. il m'en aurait trop coûté de me séparer de mon plus vieil ami...

GERMAIN. Mon cher maître.

SAVIGNY. Ne perds pas une minute... cours chez ton fils... et... (*Voyant une porte s'ouvrir.*) Silence!..

MAD. BELHOMME. C'est mon mari...

Germain s'échappe.—Belhomme paraît.

SCÈNE IX.

SAVIGNY, CÉCILE, M. et MAD. BELHOMME.

BELHOMME, *à la porte*. Hum!.. hum!.. citoyenne Belhomme... ce n'est pas par jalousie... mais voilà une heure que je me rafraîchis... ça pourrais finir par m'échauffer... (*Entrant.*) Avez-vous terminé vos petits comptes?.. le linge est-il reçu... vérifié?..

MAD. BELHOMME. Oui... oui... tout est arrangé...

BELHOMME. Ainsi, M. le marquis, nous sommes quittes...

SAVIGNY, *avec ame*. Quittes... ah! jamais!.. jamais!..

BELHOMME. Est-ce qu'il manque quelque chose?.. une serviette ouvrée?..

MAD. BELHOMME. Non... c'est que M. le marquis... a été touché des regrets que je lui exprimais... en le quittant...

BELHOMME. Oh ça... c'est véridique... c'est un sacrifice à la patrie que nous faisons... mais enfin si M. le marquis nous conserve son estime... s'il est content de nous...

SAVIGNY. Content!.. ah! mes amis... je ne puis oublier!.. mais peut-être qu'un jour... je pourrai... vous témoigner...

BELHOMME. Ça n'en vaut pas la peine... ah! bien, laissez donc... (*A lui-même.*) C'est qu'il a les larmes aux yeux au moins! et il me serre les mains... comme à son égal!.. (*A sa femme.*) Ce que c'est que la république!.. plus de distances...

MAD. BELHOMME. Allons... allons... tu t'amuses là à bavarder... M. le marquis a ses affaires, et nous les nôtres...

BELHOMME. C'est juste!.. une répétition générale de mes tambours... et une pose pour le centaure Chiron!..

MAD. BELHOMME. Votre servante, mamzell' Cécile...

CÉCILE, *l'embrassant* Adieu! adieu! nous nous reverrons un jour, je l'espère...

MAD. BELHOMME, *avec intention.* D'ailleurs, si vous aviez besoin de nous avant notre départ, pour le linge ou autre chose, vous savez notre adresse : rue Froidmanteau n° 15, au cinquième.

BELHOMME. Sur le devant, un cordon en pied de biche, et la tête de Bélisaire sur la porte... en blanc d'Espagne!..

MAD. BELHOMME, *bas au marquis.* Bonne chance, monsieur le marquis...

SAVIGNY. Adieu!.. adieu!..

BELHOMME. Et il embrasse ma femme... O république! voilà de tes bienfaits...

MAD. BELHOMME. Allons, viens-tu, Belhomme?..

BELHOMME. A tes ordres, chère amie... *Il s'éloigne en chantant.*

Brisons nos fers, plus d'esclavage!

Il a embrassé ma femme!.. (*Saluant.*) Monsieur le marquis, salut et fraternité...

Ils sortent.

SCÈNE X.
SAVIGNY, CÉCILE, *puis* EUGÈNE.

SAVIGNY. Maintenant, Cécile... mettons les momens à profit, et puisqu'Eugène n'arrive pas...

CÉCILE. Il vient d'entrer dans la cour, mon père... Eh, tenez, le voici...

SAVIGNY. Eugène...

EUGÈNE. Pardon, si j'entre si brusquement, monsieur le marquis; mais, ce billet que Germain vient de me remettre...

SAVIGNY. Vous l'avez rencontré?..

EUGÈNE. A quelques pas d'ici... comme je me rendais chez vous, son trouble, ses discours mystérieux m'ont effrayé... que s'est-il donc passé?..

SAVIGNY. Eugène! je connais votre attachement... votre cœur loyal et pur! j'ai besoin d'un ami... d'un ami dévoué... et c'est à vous que j'ai pensé.

EUGÈNE. Ah! je vous en remercie!.. mon bienfaiteur, mon second père! je serais si heureux d'exposer ma vie...

SAVIGNY. Vous m'avez dit que votre nouveau grade vous mettait en relations avec les puissances du jour... que plus d'une fois vous aviez profité de leurs dispositions bienveillantes, pour servir de pauvres malheureux qui cherchaient à sortir de France.

EUGÈNE. Sans doute...

SAVIGNY. Avant une heure... il me faut un passeport, sous un faux nom, ou c'est fait de moi...

EUGÈNE *et* CÉCILE. Comment?..

SAVIGNY Je suis décrété d'accusation, et demain traduit au tribunal révolutionnaire.

EUGÈNE *et* CÉCILE. O ciel!

SAVIGNY. C'est un arrêt de mort, vous le savez...

EUGÈNE. Quel est votre accusateur?

SAVIGNY. Robespierre lui-même...

CÉCILE. Il n'y a pas un instant à perdre...Ah! M. Eugène... hâtez-vous...

EUGÈNE. L'infâme! Je cours au bureau central j'y ai des amis... j'obtiendrai ce passeport... je l'obtiendrai à tout prix... dussé-je me rendre votre garant... engager ma liberté... ma tête...

SAVIGNY, *le rappelant.* Eugène... pas d'imprudence!.. je veux me diriger vers la Suisse... c'est la route la moins observée!.. n'oubliez pas surtout la permission nécessaire à ma fille.

EUGÈNE, *surpris.* Mademoiselle Cécile, vous l'emmenez...

SAVIGNY. Elle l'exige!

CÉCILE. Et maintenant plus que jamais.

EUGÈNE. Mais, songez donc aux fatigues, une fuite si rapide... la présence d'une femme peut vous compromettre... vous trahir... ici, dans cet hôtel, mademoiselle ne court aucun danger et vos amis veilleraient...

CÉCILE. Non, non... je mourrais de mon inquiétude...

SAVIGNY. Moi-même, je ne pourrais me résoudre à m'en séparer... c'est un point arrêté!.. ainsi, n'en parlons plus, mon ami...

EUGÈNE. Il suffit! Perdre tout, à la fois, ah! je savais bien que ces folles espérances feraient mon malheur... sortis de France! éloignés de moi... l'orgueil de la naissance, des préjugés... aura bien vite repris son empire... N'importe!.. il serait honteux de penser à moi! dans un pareil moment!.. Monsieur le marquis mademoiselle Cécile... cette séparation... il m'en coûte plus que je ne puis vous dire...

CÉCILE, à part. Et moi!

EUGÈNE. Mais je n'hésiterai jamais, dès qu'il s'agit de votre repos, de votre salut...

SAVIGNY, à part. Quel trouble! et Cécile elle-même, aurais-je deviné? pauvres enfans! ce départ du moins leur évitera de plus grands chagrins...

EUGÈNE, avec effort. Adieu!..

SAVIGNY, écoutant. Attendez! quel bruit!

EUGÈNE. Une voiture! votre porte n'est-elle pas défendue?..

SAVIGNY. Rassurez-vous... c'est la berline que j'ai demandée... j'espère que Pascal est venu lui-même... j'ai à lui parler... Cécile... va vite te préparer... la toilette la plus simple... Vous, mon ami, suivez-moi dans mon cabinet, j'ai encore un mot à vous dire. Pauvre jeune homme! que j'assure au moins son avenir...

GERMAIN, paraissant de côté. Monsieur le marquis, mon fils est là...

SAVIGNY. Qu'il m'attende... je reviens dans l'instant..

Il sort avec Cécile et Eugène.

SCENE XI.

GERMAIN, puis PASCAL.

GERMAIN, à la coulisse. Entre, Pascal... entre ici mon garçon... monsieur le marquis ne tardera pas... tu as fait remiser la voiture?..

PASCAL. Oui, mon père...

GERMAIN. Il n'y manque rien...

PASCAL. Rien! je l'ai visitée moi-même est-ce que vous allez partir... faire un voyage...

GERMAIN. Je n'en sais rien... c'est possible, mon enfant; mais, si j'étais obligé de m'absenter... pour long-temps, peut-être! je serais heureux de penser que maintenant au moins... je te laisse dans une bonne position! à ton aise... à la tête d'un commerce qui prospère... une bonne petite femme! voilà ce que c'est que d'avoir écouté nos conseils!..

PASCAL, d'un air distrait. Oui...

GERMAIN. Comme tu me dis cela... cet air sombre et triste.. est-ce que tu as quelque chose qui t'inquiète?..

PASCAL. Non... non, mon père...

GERMAIN. Ton enfant n'est pas malade?

PASCAL. Du tout... c'est que j'ai beaucoup d'ouvrage, beaucoup de commandes...

GERMAIN. Tant mieux! je te le disais bien! il n'y a que le travail qui triomphe des mauvais penchans... il t'en a corrigé.. et Dieu sait où le jeu t'aurait mené... continue mon enfant... continue, et tu seras ma joie... et ma consolation. (Avec un soupir.) Nous en avons besoin!.. Ah! ça, pendant que j'attends monsieur le marquis, je puis toujours remplir la vache... et la malle!.. reste-là...

SCÈNE XII.

PASCAL, seul.

Ils partent, c'est clair! ils partent tous, tant mieux!.. ils ne seront pas témoins!.. et puis; ils ne me fatigueront plus de leurs questions... qu'est-ce que tu as? pourquoi cet air triste... rêveur? ils n'ont que cela à me dire?.. ma femme... mes voisins... mon père lui-même... à quoi bon? puisqu'ils n'y peuvent rien, ni les uns ni les autres... Lui!.. toutes ses économies de quarante ans y ont passé, pour réparer; et le marquis... je n'ai plus rien à en espérer... il m'a aidé plus d'une fois... mais à présent... sous quel prétexte, le prix de cette voiture elle-même m'est payé depuis long-temps! et tout cela a été s'engloutir, tout ce que j'avais! et dix fois plus encore... Ah! quelle rage infernale s'est donc emparée de moi! dès ma naissance; ils m'ont cru corrigé... je ne l'ai jamais été, je suis parvenu à le leur faire croire, voilà tout. mais, dès que j'avais un écu, dès que je pouvais dérober un moment à mon ménage, à mon travail... Au jeu... au jeu! je ne connais que cela... c'était ma vie... mon bonheur! mon unique passion... aujourd'hui encore... j'y passerais mes jours, mes nuits, des mois entiers... ce désir... cette soif de s'enrichir tout à coup... cette fièvre que vous donne la vue de l'or... cette attente... cette rage! est-ce que l'on en guérit jamais?.. est-ce qu'on peut en guérir!.. non! Pour réparer mes pertes... pour essayer de ressaisir la fortune... j'ai emprunté, j'ai signé des lettres-de-change... une somme énorme, à des usuriers, sans pitié, demain, demain! l'échéance fatale et rien ! rien ! que la prison... la ruine, le deshonneur... un coup de pistolet, ou la rivière. Et ma femme... mon enfant... oh ! mon Dieu ! et ils me demandent ce que j'ai... ce que j'ai... quand l'enfer... le désespoir me rongent, me dévorent le cœur, que ma tête s'égare et me rendrait capable... Taisons-nous... voici quelqu'un !

SCÈNE XIII.
PASCAL, SAVIGNY et GERMAIN, *en habits de voyage.*

Tous les deux ont des bottes molles à l'écuyère. Germain pose deux bougies allumées sur la table.

SAVIGNY, *allant à Pascal.* Ah ! je vous remercie de votre zèle, mon cher Pascal... Dites-moi, l'arrivée de cette voiture n'a éveillé aucun soupçon.

PASCAL. Je ne le pense pas... comme monsieur le marquis m'a permis plusieurs fois de remiser mes équipages dans la cour de son hôtel... personne n'a dû être surpris...

GERMAIN. D'ailleurs, j'avais envoyé tous les gens en commissions...

SAVIGNY. Je ne vous demande pas si cette berline est solide...

PASCAL. Oh ! à l'épreuve, les ressorts... les roues... les essieux... acier et fer battu, première qualité... avec elle, on peut aller au bout du monde... sa simplicité l'empêchera d'être remarquée... et puis, d'une commodité... une foule de cachettes, de secrets... il faudrait la mettre en pièces pour les découvrir...

SAVIGNY. C'est justement de cela que je voulais vous parler... tous les panneaux sont creux n'est-ce pas... comme je vous l'avais recommandé...

PASCAL. Oui, monsieur le marquis...

SAVIGNY. Avec des ressorts cachés...

PASCAL. Il n'y a que moi qui les connaisse... je suis venu exprès pour vous les montrer...

SAVIGNY. Nous pourrons facilement y placer six cent mille francs en or ?..

PASCAL. Six cent mille francs.

SAVIGNY. C'est le produit de la vente de ma terre de Colombe... cette somme et les diamans de sa mère... voilà désormais toute la dot de ma pauvre Cécile...

PASCAL, *à part.* Et des diamans...

SAVIGNY, *à Germain.* Mais il faut qu'elle ignore que cette fortune part avec nous... elle serait d'une inquiétude...

GERMAIN. Oh ? sans doute...

PASCAL. Six cent mille francs en or...

SAVIGNY, *à Pascal.* Vous allez me faire connaître ces secrets, Pascal, et nous aider vous-même à placer les rouleaux... il n'y a que vous deux au monde à qui je confie mon secret... mais le fils de Germain est aussi de la famille... et je suis tranquille...

PASCAL, *troublé.* Monsieur...

SAVIGNY. C'est bien... l'heure approche... hâtons-nous... Germain... descendez sous la remise... moi, je vais chercher la cassette... vous Pascal, suivez votre père, par l'escalier dérobé... et surtout prenez garde... que des fenêtres voisines... on ne puisse vous apercevoir...

GERMAIN. Soyez sans crainte.

PASCAL. Je vous... suis !..

SCÈNE XIV.
PASCAL, *seul et pâle d'émotion.*

Six cent mille francs en or !.. et des diamans... un trésor... une fortune inouïe !.. Ah ! mes genoux fléchissent... la tête me tourne !.. j'ai des vertiges... et je ne sais quelle sueur froide... Six cent mille francs... pourquoi m'en a-t-il parlé ?.. pourquoi est-il venu me confier... et dans un pareil moment... Ah ! je n'y pense pas !.. non... je n'y pense pas ! ce serait horrible... ce serait infâme !.. Six cent mille francs !.. quand je pense que la dixième partie de cette somme me sauverait... assurerait mon sort... mon avenir... celui de ma femme... de mon enfant... moi,.. pauvre ouvrier... je travaillerais vingt ans... sans pouvoir jamais amasser !.. et je pourrais... en cinq minutes... Oh ! misérable... un homme qui t'a tendu la main... qui s'est livré à toi !.. qui t'a secouru... Oui... mais à présent ils ne font rien pour moi... et je suis plus à plaindre que jamais Je suis perdu... Oh ! mon Dieu !.. dans quelques instans... ces richesses disparaîtront devant moi... et demain la misère... l'opprobre... la mort... dire... qu'il y a là... tout près de moi six cent mille francs en or... en or... riche... riche à jamais ?..

GERMAIN, *en dehors.* Pascal.

PASCAL, *revenant à lui.* Mon père ! mon père !.. ah ! que votre voix ranime mon courage et chasse de mon ame cette horrible tentation... courons à lui, sa présence me sauvera peut-être.

SCÈNE XV.

PASCAL, CÉCILE, *en costume de voyage.*

CÉCILE. Eh bien, Pascal... vous n'entendez pas votre père?

PASCAL. J'y vais... j'y vais... mademoiselle.

SCÈNE XVI.
CÉCILE, *seule.*

Qu'a-t-il donc?.. ces traits pâles et décomposés... Ah! pauvres gens... c'est notre départ...ils nous sont si attachés! (*Regardant au fond.*) Eugène ne revient pas et maintenant que le moment approche... le cœur me bat... je me sens bien moins de courage... c'est que j'ai vu sa douleur!.. que j'ai deviné tout ce qu'il devait souffrir!.. le quitter! peut-être pour toujours.. lui... l'ami, le compagnon de mon enfance... lui, que mon père nommait si souvent son fils... Ah! c'est lui!

SCÈNE XVII.
CÉCILE, EUGÈNE.

CÉCILE, *courant à lui.* Eh bien, Eugène, avez-vous réussi?

EUGÈNE. Ce n'est pas sans peine... il m'a fallu subir des retards... des interrogatoires... Le soupçon est dans tous les yeux... dans toutes les paroles. Ils craignent quelque mouvement, quelque complot... car j'ai entendu prononcer plusieurs noms, et j'ai cru distinguer celui de votre père.

CÉCILE. De mon père!

EUGÈNE. Ne craignez rien... voici son passeport... et nul obstacle ne peut plus vous retenir.

CÉCILE. Ainsi... dans quelques instans.

EUGÈNE. Je serai malheureux! oui! je puis vous le dire, Cécile... au moment de vous perdre sans retour... tout-à-l'heure votre père mettant le comble à ses bienfaits... voulait m'assurer une fortune! Je l'ai refusée... je le devais... je me sentais trop coupable envers lui; car il est un secret... un espoir insensé que j'avais osé concevoir... qui serait mort dans mon cœur... sans cette séparation... et que je veux...

CÉCILE. Ah! ne me le dites pas, mon ami... il y a long-temps que je l'ai deviné.

EUGÈNE. Vous...

CÉCILE. Je n'en rougis pas... c'est à l'estime que mon père vous portait, que vous devez une affection... une amitié... qui ne finiront qu'avec ma vie!

EUGÈNE. Cécile!

CÉCILE. Moi aussi, Eugène, j'avais fait un roman... je me berçais d'espérances qui sont cruellement déçues... et pourtant il ne tiendrait qu'à vous de les réaliser...

EUGÈNE. Que dites-vous?

CÉCILE. Pourquoi ne partiriez-vous pas aussi? pourquoi le drapeau du père de Cécile ne deviendrait-il pas le vôtre?

EUGÈNE. Cécile!.. n'achevez pas... et jugez de votre puissance sur moi, puisque cette pensée coupable... je l'ai eu un moment...

CÉCILE, *avec joie.* Quoi?..

EUGÈNE. Je l'ai repoussée avec horreur, comme une pensée de honte... d'infamie! moi, trahir la cause que j'ai juré de servir... déserter l'étendard que ma naissance, mes vœux de jeune homme et d'artiste m'ont fait embrasser avec ardeur... et quand la France est opprimée, menacée!.. quand elle appelle tous ses enfans à sa défense!.. non, non... le marquis, lui-même, me mépriserait... et vous, Cécile.. vous rougiriez de porter un nom deshonoré par une lâcheté!..

CÉCILE. Et sur ce champ de bataille... où vous pouvez vous rencontrer... si les jours de mon père exposés à vos coups...

EUGÈNE. Jamais!.. jamais!.. plutôt mourir mille fois... fiez-vous à moi; maintenant d'ailleurs qu'une carrière sans bornes est ouverte aux nobles ambitions, maintenant que je suis sûr de votre tendresse... Il est d'autres moyens de nous réunir... d'assurer notre bonheur...sans que l'orgueil puisse nous séparer...

SAVIGNY, *à part.* Qu'entends-je?

CÉCILE. Comment?

EUGÈNE. Ne me demandez pas mon secret... qu'il vous suffise de savoir que rien ne me coûtera pour vous obtenir... pour me rapprocher de vous... et contraindre votre père...

CÉCILE, *apercevant le marquis.* C'est lui.

EUGÈNE, *de même.* Ciel!..

SCÈNE XVIII.

Les mêmes, SAVIGNY, *puis* GERMAIN, *qui va et vient dans le salon.*

SAVIGNY. Eh bien, mes enfans... tout est disposé... (*Les regardant l'un et l'autre.*) Je crois qu'il est temps que nous partions.

CÉCILE. Je suis prête, mon père!..

EUGÈNE, *lui donnant un papier.* Voici votre passeport... monsieur le marquis.

SAVIGNY, *y jetant les yeux.* Aucune formalité n'y a été omise?..
EUGÈNE. J'y ai veillé moi-même...
SAVIGNY. Merci, mon cher Eugène! (*A Germain.*) Germain, les chevaux que Pascal s'est chargé de nous envoyer!
GERMAIN. On les attelle, monsieur, je les ai fait entrer par la cour des remises...
SAVIGNY. A merveille... dis au concierge, d'ouvrir la grande porte... et sans bruit...
GERMAIN. Oui, monsieur.
SAVIGNY, *à Eugène.* Mon ami... du courage! nous nous reverrons un jour, j'en ai l'assurance! que je te retrouve toujours digne de ma tendresse, de mon estime...
EUGÈNE. Oh! toujours! toujours!
GERMAIN. C'est la voiture... tout est prêt...
EUGÈNE, *embrassant le marquis.* Mon ami! mon père!..

SAVIGNY. Embrasse Cécile! embrasse ta sœur!
CÉCILE. Eugène, pensez à nous!..
SAVIGNY, *à Germain.* Eteins cette lumière...
EUGÈNE. Je vous suivrai jusqu'à la barrière... je serai plus tranquille...
SAVIGNY, *à Germain qui souffle la bougie.* Et des armes... les pistolets...
GERMAIN. Ah! j'oubliais...
CÉCILE. Adieu! adieu!

SCÈNE XIX.

Les Mêmes, UN OFFICIER MUNICIPAL, Soldats.

TOUS. Que vois-je?
L'OFFICIER MUNICIPAL. Au nom de la loi, j'arrête l'ex-marquis de Savigny.
TOUS. Dieux!
CÉCILE. Mon père!

ACTE DEUXIÈME.

Le théâtre représente une salle basse du palais du Luxembourg servant de prison. A gauche et au fond, plusieurs portes conduisant aux chambres des prisonniers. A droite, la porte d'entrée avec guichet, bancs grossiers, tables, etc., etc.

SCÈNE I.
SAVIGNY, UN GARDIEN.

LE GARDIEN, *à Savigny.* Vous avez encore deux heures! je vous avertirai, d'ici là... voulez-vous quelque chose?
SAVIGNY. Je vous remercie.
LE GARDIEN. Une bouteille de vin, un bouillon, ne vous gênez pas... au ci-devant palais du Luxembourg les prisonniers sont traités avec humanité... pour leur argent, bien entendu!
SAVIGNY. Je n'ai besoin de rien...
LE GARDIEN. Alors, à tantôt. Si vous vouliez dormir un moment... il y en a qui ont cette idée-là... v'là votr' chambre; votr' ci-devant domestique est en train d'l'arranger... ça n'en vaut guère la peine; mais, enfin, je vous préviens seulement qu'ils seront ici, un peu avant quatre heures... vous comprenez?.. Salut, citoyen...
Il sort.

SCÈNE III.
SAVIGNY puis GERMAIN.

SAVIGNY. Il est parti... (*Se levant pour fermer la porte.*) Je tremblais que les discours de cet homme, ne parvinssent aux oreilles de mon pauvre Germain, et... Ah! tu étais là...
GERMAIN. Oui! j'ai tout entendu! Ah! monsieur, vous m'avez trompé... tout à l'heure encore! quand vous me flattiez de votre délivrance, vous me donniez un espoir que vous n'aviez plus; ils vous avaient condamné...
SAVIGNY, *voulant le calmer.* Germain!
GERMAIN. Condamné, vous!
SAVIGNY. Mon ami, un peu de fermeté.
GERMAIN. Puis-je en avoir, dès que vous êtes menacé, dans deux heures! et c'est une dénonciation... quel est l'infâme qui vous a livré? vous le savez? son nom a dû être prononcé... faites-nous le connaître... qu'il soit voué à l'exécration...
SAVIGNY. Son nom, je l'ignore, et ne veux pas chercher à le savoir; car depuis mon arrestation, une idée affreuse s'est emparée de mon esprit, je l'ai vainement repoussée, elle revient toujours, plus pressante, plus terrible!
GERMAIN. Vous avez des soupçons...
SAVIGNY. Non...
GERMAIN. Je le vois...
SAVIGNY. Non, te dis-je... une vision... une folie! Il faudrait douter de tout... Que Dieu lui pardonne, si par malheur, je ne me suis pas trompé.

GERMAIN. Mais...

SAVIGNY, *changeant de ton.* Parlons de ma fille, Germain, de ma Cécile ! elle seule doit occuper mes derniers instants... tu m'as dit qu'elle avait trouvé un asile.

GERMAIN. Chez cette brave madame Belhomme, qui l'a reçue avec un empressement...

SAVIGNY. Digne femme ! tu lui porteras mes adieux, mes bénédictions... Cécile ne savait rien ?

GERMAIN. Rien encore ?

SAVIGNY. Dieu soit loué...

GERMAIN. Est-ce que vous ne la verrez pas ?

SAVIGNY. Non, non, cette épreuve serait au-dessus de ses forces, et moi-même... Germain ! c'est à toi, que je la confie, c'est à toi, que je lègue mon enfant ; mon seul bien, sur la terre ! tu veilleras sur elle...

GERMAIN, *en larmes.* Moi ! Ah ! monsieur, cherchez-lui un autre appui !.. car, je le sens je ne vous survivrai pas...

SAVIGNY. Que dis-tu ?

GERMAIN. Né dans votre maison, comblé des bienfaits de votre famille, je n'ai connu de bonheur que celui que vous éprouviez dès votre enfance, ma vie s'est composée de vos joies, de vos chagrins ; il en sera de même aujourd'hui, et le même coup nous frappera à la fois...

SAVIGNY. Germain, mon ami, est-ce donc là, ce que tu m'avais juré ? en veillant sur ma fille, en lui consacrant tes derniers jours... n'est-ce pas t'occuper de moi.. n'est-ce pas me donner encore la preuve la plus touchante de ton dévouement. Tu vivras pour me remplacer, pour lui servir de père, tu me le promets, n'est-il pas vrai ? la pauvre enfant, d'ailleurs, n'a plus que toi au monde.

GERMAIN. Et M. Eugène ? votre fils adoptif.

SAVIGNY, *avec un mouvement.* Eugène... Ah ! ne prononce pas ce nom...

GERMAIN. Douteriez-vous de son cœur, lui ; qui a tout tenté pour vous sauver ! lui qui, dans son désespoir, suppliait, menaçait, provoquait même vos juges !

SAVIGNY. Comment ?

GERMAIN. Je l'ai vu en défier un... le poursuivre dans la foule des noms les plus injurieux, vouloir le contraindre à se battre, fasse le ciel qu'un nouveau malheur, ne soit pas la seule cause de son absence.

SAVIGNY. Je le désire Germain, et pourtant, Dieu me préserve d'être injuste envers personne. Mais le temps s'écoule, et puisque je ne dois plus serrer ma fille sur mon cœur, je veux du moins lui écrire, tu lui porteras mes derniers embrassemens, cette nuit d'angoisses et de fatigues a épuisé mes forces ; j'aurais besoin de quelques instans de repos, je ne veux point paraître devant mes bourreaux le front pâle, le regard abattu ! as-tu suivi mes ordres ? mon ancien uniforme.

GERMAIN, *montrant la chambre.* Il est là comme vous l'aviez recommandé...

SAVIGNY. Bien ! c'est paré de cet habit, sous lequel j'ai si souvent bravé la mort et défendu la France ! de cet habit qui n'a jamais été flétri par une lâcheté, par une trahison, que je veux marcher au supplice ! en soldat !.. en honnête homme !

GERMAIN. Si le ciel était juste...

SAVIGNY, *ému.* Ne l'accuse pas ! reste là mon ami, je te reverrai, j'aurai besoin de t'embrasser encore, avant de te quitter pour toujours...

SCÈNE III.

GERMAIN, *seul.*

Pour toujours, et il n'y a aucun moyen ! J'ai lu dans sa pensée ! oui, j'ai deviné le doute affreux ; il croit que M. Eugène... Jamais, jamais ! Un jeune homme si loyal, si dévoué, son bienfaiteur ! Il est vrai qu'il aimait mademoiselle Cécile, il y a long-temps que je m'en suis aperçu ; ce départ subit le lui enlevait, monsieur le marquis, d'ailleurs, n'eut jamais consenti à une alliance, que sa mort seule pouvait rendre possible ! et dans ces temps horribles, où tous les nœuds sont brisés, où la voix du sang, de la reconnaissance... est méconnue, étouffée. Oh ! non, non ! c'est impossible ! Je le saurai... je découvrirai l'infâme.... je le démasquerai aux yeux de toute la terre... et tant que j'existerai, il n'aura pas un instant de repos...

SCÈNE IV.

GERMAIN, *près de la table,* LUCEVAL *frappant en dehors à une porte du fond, dont le guichet est entr'ouvert,* puis LE GUICHETIER EN CHEF, *arrivant par la droite.*

LUCEVAL, *frappant.* Ohé ! allons donc, guichetier du diable !

LE GUICHETIER. Un moment, un moment ! qu'est-ce que c'est qu'un pareil tapage, citoyen... Qu'est-ce que tu veux ?

Il ouvre sa porte.

LUCEVAL, *paraissant en scène.* Parbleu,

je veux sortir, et le plus tôt possible, j'ai besoin d'air.

LE GUICHETIER. Sortir!

LUCEVAL. Puisque je suis acquitté!.. Tiens! n'as-tu pas vu mon nom...

LE GUICHETIER, *regardant le papier.* Ah! c'est toi, le jeune peintre...

LUCEVAL. Précisément.

LE GUICHETIER. Et tu veux nous quitter?

LUCEVAL. Cette question... crois-tu pas que je vais rester ici pour tes beaux yeux? Sont-ils tenaces? voilà deux heures qu'on me dit que je suis libre, et je ne peux pas m'en aller.

LE GUICHETIER. Il faut d'abord que je descende au greffe, que je voye si tu n'es pas retenu pour une autre cause...

LUCEVAL. Allons! une autre histoire à présent! quand ces gaillards-là s'attachent à vous?

LE GUICHETIER. En tous cas tu as joué de bonheur... être acquitté par le tribunal révolutionnaire.

LUCEVAL. Oh! une fois n'est pas coutume! (*Le poussant.*) Vas donc vite!

LE GUICHETIER. Attends-moi ici, et souviens-toi de ne plus laisser traîner dans ton portefeuille, de certaines figures...

LUCEVAL. Sois tranquille! je ne ferai plus que le portrait de la liberté du Luxembourg, ou de la Conciergerie, une liberté modérée, et toi, qui en es le plus digne ministre.

Il le pousse par les épaules et le met dehors.

SCÈNE V.
GERMAIN, LUCEVAL.

LUCEVAL. Libre, libre, dans quelques instans... revoir le ciel, la lumière, presser la main d'un ami... Ah! cette idée seule! je ne l'espérais plus, et au moment où j'en avais fait le sacrifice, ressaisir la vie! à vingt-cinq ans, la vie! si riante pour un artiste... si belle d'émotions, de joie, d'avenir et de gloire. Il me semble que tout a changé autour de moi, c'est un autre monde! c'est un autre air que je respire...

GERMAIN. Vous êtes heureux, vous, monsieur... vous allez être libre!

LUCEVAL. Ah! pardon... ma joie a peut-être insulté à votre malheur...

GERMAIN, *avec douceur.* Non... l'aspect de gens heureux ne peut blesser que les méchans, d'ailleurs, c'est si rare à présent! cela repose; mais j'avoue que j'envie votre sort pour quelqu'un...

LUCEVAL. Je devine! pauvre homme!.. Est-ce qu'il n'y a plus d'espoir?..

GERMAIN. Aucun.

LUCEVAL. Ah! Un vieillard!.. les tigres!.. rien!.. plus rien de noble dans le cœur... ô mon pinceau!.. vienne un moment de liberté... c'est toi qui nous vengeras.

GERMAIN. Que dites-vous?

LUCEVAL, *avec chaleur.* Oui!.. je les ai vus ces monstres à visages d'hommes, et je veux un jour leur infliger un châtiment terrible! un châtiment éternel! je livrerai leurs traits à la postérité; je les traduirai à mon tour à mon tribunal; ils ne m'échapperont pas; je serai à la fois leur juge et leur bourreau; je clouerai leur image partout; je les exposerai à la haine publique, au mépris de la terre: ce sera une vengeance nationale, une vengeance d'artiste; je n'en oublierai pas un, non!.. et si je m'en croyais, dans mon impatience, je chargerais déjà ces murs de leurs figures hideuses.

GERMAIN, *vivement.* Vous êtes peintre?.. vous connaissez sans doute M. Eugène?..

LUCEVAL. Eugène Leclerc?.. très peu!.. Nous ne suivions pas la même route; moi, j'étais attaché à la reine Marie-Antoinette. Jeune, inconnu, sans autre appui que mon faible talent, j'aurais été perdu dans la foule, si elle n'avait daigné m'encourager, me soutenir de sa généreuse protection!... Grace à elle, je devins le peintre à la mode!.. toutes les dames de la cour voulaient que je fisse leurs portraits, dans l'espoir qu'elles seraient aussi jolies que la reine; je tâchais de les contenter; et, pour y réussir, j'avais toujours sous les yeux les traits de ma royale protectrice. C'est cette malheureuse esquisse, trouvée dans mon portefeuille, qui m'a conduit en prison... devant ce tribunal de sang... Comment m'ont-ils acquitté?.. je n'en sais rien... c'est un rêve! un prodige! mais je ne réclame pas! Dieu m'en garde, et pour ne pas faire un nouvel essai de leur justice, je m'engage, je pars, je pars à l'instant pour l'armée; ce n'est que là qu'il est encore permis d'être homme, ce n'est que sous nos drapeaux que l'honneur et l'humanité se sont réfugiés!

GERMAIN. Ah! vous avez raison... fuyez, ne perdez pas une minute.

LUCEVAL. Mais avant de m'éloigner, j'aurais voulu tenter de vous être utile... il me serait si doux, à mon tour, de voir un compagnon de captivité moins malheureux: disposez de moi... s'il faut prévenir votre famille, vos amis...

GERMAIN. Je vous remercie.

LUCEVAL. Vous parliez d'Eugène Leclerc.

GERMAIN. Non, vous dis-je... il n'y a plus d'espoir...

LUCEVAL. Vous êtes condamné?
GERMAIN. Plût au ciel, que ce fût moi, je ne me plaindrais pas!
LUCEVAL. Et qui donc?..
GERMAIN. Quelqu'un pour qui j'aurais donné ma vie!.. mon maître, le marquis de Savigny.
LUCEVAL. Le marquis de Savigny.
GERMAIN. Vous le connaissez?
LUCEVAL. J'ai entendu prononcer ce nom... oui!..
GERMAIN. Au tribunal révolutionnaire, peut-être...
LUCEVAL. Ne voulait-il pas émigrer?..
GERMAIN. Tout était disposé pour sa fuite...
LUCEVAL. Et il a été dénoncé...
GERMAIN, *vivement*. Quoi, vous savez?
LUCEVAL. Oui! pendant qu'on m'interrogeait au comité de la section... un homme fut introduit... pâle... haletant... le front baigné de sueur... il venait déclarer que le marquis de Savigny allait quitter la France.
GERMAIN. Et son nom! son nom, monsieur... vous le rappelez-vous?
LUCEVAL. Quand on commet une lâcheté, on a grand soin de garder l'anonyme... mais à défaut de son nom... je me rappelle ses traits... Oh! je ne les oublierai jamais! je vois encore... cette figure basse et cupide, ce regard faux, cette bouche tremblante, ce sourire contracté... ce misérable m'a donné l'idée d'un tableau!.. Oui, quand mon talent aura acquis plus de force, je veux offrir à mes concitoyens, le *délateur*!.. ce sera lui...
GERMAIN. Et rien dans ses discours n'a pu vous faire deviner...
LUCEVAL. Non...
GERMAIN, *découragé*. Ainsi, il restera impuni... et je ne pourrai...
LUCEVAL, *frappé d'une idée*. Eh! mais, si vous tenez tant à le connaître, je puis vous donner cette satisfaction.
GERMAIN. Comment?
LUCEVAL. Vous connaissiez toutes les personnes qui venaient chez votre maître?
GERMAIN. Sans doute...
LUCEVAL, *saisissant un carton qu'il a posé de côté en entrant*. Attendez!.. en deux coups de crayon, je vais vous offrir les traits du misérable; je vous réponds que ce sera un chef-d'œuvre de ressemblance.
GERMAIN. Quoi!
LUCEVAL. Il est là!.. dans dix ans... dans vingt ans... il y serait encore!.. pour nous autres peintres, quand une tête nous a frappés, rien ne peut l'effacer...
GERMAIN, *avec anxiété*. Eh bien?

LUCEVAL. Voilà sa bouche, son regard! il me fait peur à moi-même! Tenez, ce scélérat est-il de votre connaissance?

Il lui présente la feuille de papier.

GERMAIN, *y jetant les yeux et poussant un cri étouffé*. Dieux! qu'ai-je vu!
LUCEVAL, *effrayé de son émotion*. Qu'avez-vous? vous vous soutenez à peine...
GERMAIN, *à part*. Pascal! mon fils... (*Haut.*) Lui! oh! non, non monsieur, vous vous êtes trompé, n'est-ce pas?
LUCEVAL. Vous voyez bien que non... puisque vous l'avez reconnu et du premier coup-d'œil...
GERMAIN. Malheureux.
LUCEVAL. Oh! mon talent ne m'a pas abandonné! Mais ce trouble, cette horreur, qui se peint dans tous vos traits... quel est-il donc cet infâme? un serviteur... un ami du malheureux marquis... un de ses parens peut-être... dans ces jours de fureur; il faut s'attendre à tout...
GERMAIN, *avec effort*. Non, monsieur, non! il a trahi...
LUCEVAL. Son bienfaiteur?
GERMAIN. Oui, oui, son bienfaiteur...
LUCEVAL, *avec horreur*. Ah!
GERMAIN. Celui qui dès son enfance lui a tendu une main généreuse... qui l'a sauvé de l'opprobre, de la misère...
LUCEVAL, *de même*. Assez, assez et ce monstre a-t-il encore un père?
GERMAIN. Non, non! il n'en a plus.
LUCEVAL. Ah! tant mieux... il l'aurait tué de honte... Mais, ce trouble... Oh! mon Dieu serait-ce? Monsieur...
LE GUICHETIER, *paraissant à la porte de droite*. Le citoyen Luceval, en liberté.
GERMAIN. Allez, allez, brave jeune homme...
LUCEVAL. Mais, j'aurais voulu...
LE GUICHETIER. Le citoyen Luceval! est-ce que tu veux rester ici à présent?
LUCEVAL. Du tout... Et cependant si j'avais pu vous servir... vous consoler...
GERMAIN. Merci! vous avez fait pour moi tout ce que vous pouviez! adieu...
LUCEVAL. Ah! si je vous ai deviné, que vous êtes à plaindre!

SCÈNE VI.

GERMAIN, *seul, accablé*.

Pascal! mon fils! lui! je n'en puis plus douter! Et c'est moi qui ai donné le jour à l'assassin!.. et dans son enfance, quand je le voyais faible, débile, lorsque je tremblais pour sa vie... je passais les jours et les nuits à prier Dieu de prendre la mienne pour me le conserver... ingrat! Ah! j'aurais dû le supplier de te frapper... j'aurais dû t'étouffer, moi-même... dans ton berceau, et pourquoi ce crime? pourquoi?.. Cette voiture, ce trésor que nous y avons renfermé ensemble... O mon Dieu! honte, honte éternelle sur nous... Mais, je ne dois pas souffrir qu'un autre soit soupçonné!.. j'aurai la force de tout avouer à M. le marquis, je ne veux pas qu'il emporte au tombeau la pensée, que ce digne M. Eugène... Qu'entends-je, des pas qui retentissent sous ces voûtes... un bruit d'armes, ce sont eux; ils viennent le chercher et je ne puis le couvrir de mon corps! (*Il court à la chambre du marquis.*) Il repose, le sommeil le plus profond, le plus calme! malheureux Pascal, tu ne dormiras plus ainsi, toi... et là, sur cette chaise, son uniforme. Ah! quel espoir, si je pouvais! oui, oui! c'est Dieu lui-même qui m'inspire. Qui veux me seconder... prolonge son sommeil, mon Dieu! un instant, un seul instant, et je ne te demande plus rien... Les voici!

SCÈNE VII.

LE GUICHETIER *poussant* PASCAL.

LE GUICHETIER, *à Pascal.* Entre donc, citoyen, puisque tu as une permission.

PASCAL. Ce n'est pas la peine, j'aurais bien attendu dans la cour.

LE GUICHETIER. Fi donc, on est poli, quoiqu'on vive en prison; c'est ton père que tu demandes?

PASCAL, *lui remettant un papier.* Oui; voilà l'ordre de mise en liberté.

LE GUICHETIER. Un condamné?

PASCAL. Du tout.

LE GUICHETIER. Un détenu?

PASCAL. Hé non! il était au service d'un prisonnier qui vient de vous quitter, m'a-t-on dit, et j'ai craint que dans le tumulte, un pauvre vieillard accablé de douleur... ma femme en était inquiète; elle voulait venir le chercher elle-même... Vous ne l'avez pas vue, ma femme?

LE GUICHETIER. Sa femme!.. son père! Ah! ça.. il paraît qu'il ne sait plus ce qu'il a fait de sa famille, celui-là. (*A Pascal.*) Quand notre dernier condamné sera parti, tu verras à te débrouiller, à retrouver ton père, s'il est par là, dans quelque coin; et s'il n'est retenu pour autre cause... Quatre heures passées! diable! nous sommes en retard... Condamné Savigny!

PASCAL, *avec terreur.* Savigny!.. Que dites-vous?.. le marquis de Savigny?

LE GUICHETIER. Ci-devant marquis, tu veux dire?

PASCAL. Il est encore là?..

LE GUICHETIER. Parbleu.

PASCAL. Dans cette chambre?

LE GUICHETIER. Oh! pas pour longtemps. V'là qu'on vient le chercher.

PASCAL. O! mon dieu... si j'avais su... je croyais... on m'avait assuré... Est-ce qu'il va traverser cette salle?

LE GUICHETIER. Il n'y a pas d'autre passage.

PASCAL. Supporter sa vue... moi!.. c'est impossible... éloignons-nous... fuyons...

UN SOLDAT. On ne passe pas.

PASCAL. Comment!.. je ne puis plus sortir?..

LE GUICHETIER. Non, sans doute... c'est la règle... quand on transfère un prisonnier.

PASCAL. Oh! c'est horrible... c'est affreux... où me cacher?

LE GUICHETIER. Eh bien!.. eh bien!.. ça te fait peur? un aristocrate... tu n'oses pas le regarder en face?.. poltron! (*Appelant à haute voix.*) Condamné Savigny! Germain, *enveloppé de la redingote du marquis.*

GERMAIN. Me voilà... je suis prêt...

PASCAL. C'est lui! je me meurs...

SCÈNE VIII.

Les Mêmes, GERMAIN, *avec l'uniforme du marquis. La musique accompagne toute cette scène.*

GERMAIN. Mon Dieu! soutiens-moi jusqu'au bout; que le père puisse au moins racheter le crime de son fils! Je tremblais qu'il ne s'éveillât! Adieu, adieu! oh! le meilleur des hommes...

LE GUICHETIER, *au chef des soldats.* Voici ses noms et son jugement.

GERMAIN. Je vous suis, marchons!

PASCAL, *se détournant de lui.* Il approche! ah! pourvu que ses regards...

GERMAIN. Quel est cet homme? je ne me trompe pas! lui... Pascal... ici... dans un pareil moment... il est venu s'assurer! infâme jusqu'au bout! Lâche dénonciateur, ton crime m'est connu.

PASCAL, *se cachant davantage.* Ah!

GERMAIN, *continuant.* Malédiction sur toi, et quand sonnera ta dernière heure, qu'une voix te répète encore devant Dieu: Infâme, ton père t'a maudit!

Il se place entre les soldats et sort avec eux.

SCÈNE IX.
PASCAL, seul.

J'ai cru mourir! quel supplice! l'entendre là, près de moi... et n'oser envisager... Il savait tout... qui donc a pu l'instruire? qui donc a pu livrer mon secret, et ces paroles terribles qui me frappent encore d'épouvante, je ne sais par quelle illusion fatale... quel rêve de mes sens... j'ai cru un moment... oui, j'ai cru que c'était mon père lui-même qui les prononçait, il me semblait reconnaître sa voix, son accent... Ah! je n'échapperai à ces tourmens horribles qu'en fuyant de ces lieux, qu'en revoyant mon père, en l'arrachant d'ici... Cette chambre était celle du marquis, il est là, sans doute! Mon père, venez, venez, hâtons-nous! Ah! quelle vision! quel fantôme! Ce n'est pas possible! le marquis! seul! endormi! le marquis! et tout à l'heure près de moi! cette voix que j'avais cru reconnaître... c'était lui! c'était mon père, c'est lui qui marche à l'échafaud! que j'ai conduit moi-même... Arrêtez, arrêtez, malheureux! c'est mon père, ils ne m'entendent pas, courons! Oh! cette porte est fermée, le ciel a donc juré ma perte... c'est le commencement de l'enfer! Ouvrez! ouvrez! c'est mon père, vous dis-je, ils s'éloignent, ils marchent toujours, et chaque instant de retard... Ah! c'est à en devenir fou! à se briser la tête... A moi! au secours! Je n'y vois plus! je succombe! de l'air, de l'air, j'étouffe! Personne, personne! ils sont peut-être arrivés déjà, et je ne puis me précipiter, je ne puis leur crier: arrêtez, c'est mon père!..

SAVIGNY, *dans sa chambre.* Quelle voix! Germain... tu es là... n'est-ce pas?

PASCAL. Le marquis, il est éveillé, il va venir, je ne veux pas le voir, non, non, il me fait peur... Ils ne m'ouvriront pas! ils veulent que je meurs là de rage et de désespoir.

SAVIGNY. Mon ami! mon brave Germain!

PASCAL. Le voilà! *(Se précipitant vers la porte de droite qui est ouverte.)* Sauvez-moi, sauvez-moi donc...

Il disparaît, la porte se referme.

SCÈNE X.
SAVIGNY, seul.

Quel est cet homme? qui fuit à mon approche? Accablé de fatigue, je m'étais assoupi... lorsque ces cris terribles... c'était un songe... Mais Germain, où est-il donc? je l'avais laissé ici, il m'avait promis de m'attendre, et... Le moment fatal doit approcher, et si j'en crois l'horloge de la cour: Que vois-je? quatre heures et demie, quatre heures et demie? pourquoi ce retard? qu'est-il donc arrivé? d'ordinaire, ils n'attendent pas!

SCÈNE XI.
SAVIGNY. CÉCILE, LE GUICHETIER.

CÉCILE, *en dehors.* Mon père, mon père, je veux le voir.

LE GUICHETIER, *de même.* Impossible!

CÉCILE. Par pitié.

SAVIGNY, *frappé.* Cécile! ah! c'est là ce que je redoutais!

CÉCILE. Je veux le voir, vous dis-je.

LE GUICHETIER, *de même.* Non!

SAVIGNY. Cécile, mon enfant!

CÉCILE. C'est lui! oh! laissez-moi, laissez-moi! Ah!

LE GUICHETIER. Diable de petite femme, pas moyen de l'arrêter.

SAVIGNY. Ma fille!

CÉCILE. C'est toi! c'est toi!

SAVIGNY. Chère enfant!

CÉCILE. Ah! tu m'avais trompée, mais j'ai tout appris, je me suis échappée, j'ai couru; maintenant, je ne te quitte plus! non, oh! non! vois-tu, ils ne m'arracheront pas de tes bras...

LE GUICHETIER. Comment, c'est là ton père?

CÉCILE. Oui, monsieur, et si vous vous vouliez...

LE GUICHETIER. Le vieux bonhomme que cet autre est venu réclamer... Eh bien, emmène-le ton père, et dépêche-toi!

CÉCILE, *étonnée.* Que je l'emmène?

SAVIGNY, *de même.* Comment?

LE GUICHETIER. Parbleu, qu'est-ce que tu veux que j'en fasse, puisqu'il n'est pas prisonnier.

CÉCILE, *plus étonnée.* Lui!

LE GUICHETIER. Ton mari est déjà venu...

CÉCILE. Mon mari.

LE GUICHETIER. Il m'a remis l'ordre, ainsi tu peux l'emmener.

CÉCILE. L'emmener, moi!

LE GUICHETIER. Hé oui, ne faut-il pas que je le porte chez toi?

CÉCILE. Non, non... Vous l'entendez, venez...

SAVIGNY. C'est une erreur... et je ne puis...

CÉCILE. Chut! N'est-ce pas, citoyen, qu'il faut nous en aller?

LE GUICHETIER. Parbleu! est-ce que je vais garder ici un tas d'inutiles! allons, allons, nous avons besoin de places pour les nouveaux venus; et maintenant que le condamné Savigny est parti faut que j'arrange sa chambre pour un autre.

CÉCILE, *frappée*. Savigny!

SAVIGNY. Parti! ô mon Dieu! et qui donc? qui donc? cet uniforme qui a disparu... Ah! Germain! où est Germain? je veux le voir, je veux le voir à l'instant! il n'y a que lui... lui seul...

CÉCILE. Mon père, au nom du ciel!

SAVIGNY. Qu'entends-je? ce signal...

LE GUICHETIER. C'est celui de l'exécution.

SAVIGNY. De l'exécution, ah! courons!

LE GUICHETIER. C'est fini.

SAVIGNY. O mon Dieu! Germain, Germain!

CÉCILE. Mon père, par pitié, par pitié pour votre pauvre fille, pas un mot, vous ne pouvez le sauver, et moi, je puis tout perdre! (*Le soutenant.*) Venez!

LE GUICHETIER. Eh oui, morbleu! en voilà un qui fait plus de façons pour sortir, que les autres pour entrer...

LE CRIEUR, *en dehors*. Voilà le jugement de l'ex-marquis de Savigny, les noms de ses complices, son exécution, etc.

SAVIGNY. O le modèle des amis! noble et digne créature! que Dieu te reçoive dans son sein!

La toile tombe.

ACTE TROISIÈME.

Le théâtre représente l'intérieur de l'arrière-boutique de Pascal. Au fond, le magasin, où l'on voit plusieurs voitures remisées. Le magasin est séparé de l'arrière-boutique par un vitrage qui tient toute la longueur du théâtre, et au milieu duquel est pratiquée une porte aussi vitrée. A droite, l'antique boutique et sur le mur, des harnais suspendus. A gauche du spectateur, la porte de la chambre à coucher. Sur le devant, un buffet, une table, des chaises, etc.

SCÈNE I.

HENRIETTE, *femme de Pascal*, MAD. BELHOMME.

Au lever du rideau Henriette est occupée à nétoyer un portrait de grandeur naturelle. Mad. Belhomme entre par la droite.

MAD. BELHOMME. Bonsoir, ma voisine.

HENRIETTE. Ah! c'est vous, madame Belhomme.

MAD. BELHOMME. Votre homme n'est pas rentré?..

HENRIETTE. Pascal?.. il ne tardera pas!..

MAD. BELHOMME. C'est que j'avais un petit service à lui demander... Qu'est-ce que vous faites donc là?

HENRIETTE. Vous voyez!..

MAD. BELHOMME. Sainte Vierge... le portrait de ce pauvre M. de Savigny.

HENRIETTE, *soupirant*. Je viens de l'acheter à la vente qui se fait à son hôtel.

MAD. BELHOMME. Déjà!...

HENRIETTE. Pardi!.. aujourd'hui... est-ce qu'ils vous laissent le temps de vous reconnaître!.. à peine parti!.. Pour rien au monde, je n'aurais voulu que ce portrait tombât entre les mains de brocanteurs, d'indifférens! Excellent homme! c'est lui qui nous a mariés... qui a fourni à Pascal de quoi nous établir!.. aussi son portrait ne nous quittera jamais!.. Ici, du moins, il ne rencontrera que des regards reconnaissans; et ça fera un plaisir à mon mari... de l'avoir toujours là... sous les yeux!..

MAD. BELHOMME. C'est bien!.. ma bonne Henriette!.. c'est bien! je vous aimais déjà... maintenant je vous estime.

HENRIETTE. Aidez-moi donc à le placer...

MAD. BELHOMME. De tout mon cœur...

Elles le suspendent au-dessus de la porte vitrée qui est au fond.

HENRIETTE. Là.

MAD. BELHOMME. Pauvre cher homme! oui... v'là bien ses traits... ses yeux pleins de bonté... Ah! moi aussi... je lui étais bien attachée. J'ai voulu le sauver...

HENRIETTE. Bah!

MAD. BELHOMME. S'il m'avait écoutée... s'il était parti seulement une heure plus tôt...

HENRIETTE. Et sa fille... cette bonne et jolie mamzelle Cécile.

MAD. BELHOMME. Elle est chez nous!..

HENRIETTE. Chez vous?..

MAD. BELHOMME. Dans un état!.. Pauvre enfant!.. n'a-t-elle pas voulu aller à toute force à la prison du Luxembourg... je l'ai accompagnée jusqu'à la porte... et j'ai chargé Belhomme de la reprendre... j'en suis presque à souhaiter qu'elle soit arrivée trop tard...

HENRIETTE, *avec un geste de pitié*. Ah! oui... une pareille séparation!..

MAD. BELHOMME. Et dire qu'on ne peut pas savoir qui est-ce qui l'a dénoncé!.. ces monstres d'hommes!.. faut-il qu'il y ait des scélérats assez abandonnés!.. mais ils n'ont donc pas de femmes, ces misérables-là!.. Dieux!... si mon mari était capable d'un pareil trait... je ne suis pas méchante... mais je l'étranglerais...

HENRIETTE. Moi, j'en mourrais.

MAD. BELHOMME. Mourir?.. fi donc!.. ils seraient veufs! ils seraient trop contens!.. Du tout; si je n'étais pas la plus forte... il y a d'autres moyens de les punir... Ah! tant pire! je suis une honnête femme... mais, ça ne pèserait pas une once... Je ne sais pas si c'est dans les droits de l'homme, mais c'est dans les droits de la femme... ce n'est pas pour ce pauvre Belhomme que je dis ça!.. oh! dieu!.. Il y aurait conscience!.. avec lui, je suis bien tranquille...

HENRIETTE. Et moi donc!.. Pascal a ses défauts!.. mais au moins... c'est un brave homme... et pour nous autres femmes... voyez-vous, ma voisine, c'est tout; car enfin, nous n'avons de considération que par le nom que nous portons... et moi, je consentirais à être pauvre... malheureuse... pourvu que quand je passe dans le quartier, j'entende dire : « Madame Pascal... ah!.. un bon mari, un brave homme, un honnête homme!.. ça fait plaisir. »

MAD. BELHOMME. Ça vaut dix mille livres de rentes...

HENRIETTE. Dites donc!.. si nous pouvions vous être utiles pour cette bonne mamzelle Cécile.

MAD. BELHOMME. Franchement... c'est pour elle que je venais emprunter à Pascal... un assignat de mille francs... une misère, pour aller au marché... Pauvre petite... ça va nous faire un surcroît de dépenses... et je ne voudrais pas qu'elle s'en doutât.

HENRIETTE. Ah! nous serons trop heureux... ce n'est pas que mon mari ne soit un peu serré...

MAD. BELHOMME. Lui, qui en gagne tant!.. avec toutes ces vieilles voitures qu'il vend pour du neuf...

HENRIETTE. Ah! bien oui!.. quand il faut lui demander de l'argent... il se met dans des colères...

MAD. BELHOMME. Ah! bien... Belhomme quelle différence... il n'a jamais rien... mais il le donne avec un plaisir...

HENRIETTE. Ecoutez! faites une chose... il va rentrer souper, avec son père, qui avait suivi son maître en prison, et dont il a obtenu la mise en liberté : restez à manger un morceau avec nous...

MAD. BELHOMME. Oh! je n'ai pas faim.

HENRIETTE. Moi, non plus... mais on jase ; c'est une occasion, et puis vous me donnerez un coup de main... faut que je coure chercher mon enfant, que j'ai laissé chez sa marraine, en allant à c'te vente...

MAD. BELHOMME. Au fait... je suis bien tranquille... Belhomme aura un soin de mamzelle Cécile...

HENRIETTE. C'est ça, vous pouvez toujours apprêter la table.

MAD. BELHOMME. Où mettez-vous le linge?

HENRIETTE. Dans le buffet.

MAD. BELHOMME. Bien.

HENRIETTE. Quatre couverts.

MAD. BELHOMME. C'est dit....

HENRIETTE. Je reviens tout de suite.
Elle sort à gauche.

SCÈNE II.
MAD. BELHOMME, *seule, mettant le couvert.*

Une bonne petite femme!.. je l'aime tout plein, moi... et puis je me doute qu'elle n'est pas aussi heureuse qu'elle veut bien le dire!.. on a beau être riche... (*Déployant la nappe.*) Tiens, quelle grosse toile bise!.. pour des gens à leur aise... ils ne sont pas difficiles.. Et des couverts d'étain! oh! mais, ils ne sont pas calés du tout... qu'est-ce qu'il fait donc de ce qu'il gagne, celui-là, il place!.. ah! c'est sûr. Ah bien, nous ne faisons pas le gros dos, nous ; mais nous avons nos six couverts d'argent, que Belhomme voulait déposer sur l'autel de la patrie, avec sa montre. J'ai dit : « Bien »obligé!.. la patrie, c'est très beau, mais »qu'elle aille se promener... je ne veux pas »manger avec mes doigts.»

SCÈNE III.
MAD. BELHOMME, BELHOMME, *en dehors et du côté de la boutique.* — *Il frappe.*

BELHOMME. Ma femme... es-tu là?

MAD. BELHOMME. Eh! mais... cette voix! c'est toi, Belhomme?

BELHOMME. Oui, citoyenne... ouvre à ton époux.

MAD. BELHOMME, *ouvrant.* Que viens-tu faire ici?.. Pourquoi quitter mademoiselle Cécile?..

BELHOMME, *troublé.* La citoyenne Cécile... est en sûreté... mais il faut absolument que je te parle.

MAD. BELHOMME. Hé, mon dieu... je n'avais pas remarqué, comme il est pâle...
BELHOMME. Ce qui m'étonnerait, ce serait d'être rouge... quand l'édifice social se détraque.
MAD. BELHOMME. Qu'y a-t-il donc?
BELHOMME. Tu es seule.
MAD. BELHOMME. Oui.
BELHOMME. Tu en es sûre.
MAD. BELHOMME. Ah! ça... veux-tu parler... qu'est-ce qu'il y a?
BELHOMME. Il y a, citoyenne, que tu ne peux plus rentrer au domicile conjugal.
MAD. BELHOMME. Chez nous?..
BELHOMME. Non...
MAD. BELHOMME. Et qui s'y opposerait?..
BELHOMME. Moi!..
MAD. BELHOMME, *pleurant.* Toi? Qu'est-ce que j'entends là... Belhomme, est-il possible... tu voudrais profiter du bénéfice de la loi!.. Tu voudrais divorcer...
BELHOMME. Divorcer! au fait!.. c'est une idée... si ça peut t'empêcher de revenir... j'ai posé pour un empereur romain, qui répudiait une femme tous les mois... l'empereur Commode!.. je crois...
MAD. BELHOMME. Laisse-moi tranquille avec tes empereurs!.. un tas de mauvais sujets!.. Ainsi tu ne m'aimes plus...
BELHOMME. Moi, par exemple!.. ma pauvre femme!.. ne plus t'aimer... au contraire, c'est par excès d'amour...
MAD. BELHOMME. Que tu me chasses...
BELHOMME. Que je te prie de t'en aller.
MAD. BELHOMME. Et pourquoi ne rentrerai-je pas à la maison?..
BELHOMME, *baissant la voix.* Parce que... parce que... la mort y est.
MAD. BELHOMME. La mort...
BELHOMME. Moi, je puis me sacrifier... c'est le devoir d'un homme; nous avons... le citoyen Brutus... qui était un luron...
MAD. BELHOMME. Te tairas-tu, avec tes Brutus... Je veux retourner chez nous...
BELHOMME, *avec force.* Non, non, non... et mille fois non!.. s'ils te découvraient... tu serais donc condamnée aussi...
MAD. BELHOMME. Condamnée!.. Pourquoi?..
BELHOMME. A cause du marquis...
MAD. BELHOMME. Quel marquis?
BELHOMME. M. de Savigny... il est chez nous...
MAD. BELHOMME. M. de Savigny!... lui... qui a été condamné, exécuté.
BELHOMME. Je le croyais comme toi... aussi, quand je l'ai vu devant moi... je lui ai dit: «Vous vous trompez, mon brave » homme... ça ne peut pas être vous!..» Mais c'est parfaitement lui... en chair et en os... il existe... il respire...
MAD. BELHOMME, *avec joie.* Ah! quel bonheur... et comment se fait-il?
BELHOMME. Je te l'expliquerais très facilement, si je le savais; mais je n'y comprends rien... ni lui non plus, je crois!.. car il est dans une agitation... il pleure... il sanglotte... il s'accuse de la mort d'un autre. (*Se touchant le front.*) Je ne serais pas surpris qu'il y eût un peu de...
MAD. BELHOMME. J'espère que tu l'as bien reçu?
BELHOMME. Cette question!.. j'aurais été lui fermer la porte!.. ô dieu! l'hospitalité... la vertu des anciens!.. J'ai posé pour un nommé *Philémon*, un vieux béquillard qui recevait un autre particulier très connu. Non, non! je ne rappellerai pas l'anecdote... J'ai installé le marquis dans notre plus belle chambre...
MAD. BELHOMME. A la bonne heure.
BELHOMME. Mais je ne veux pas que tu y reviennes... Le décret puni de mort ceux qui reçoivent les condamnés... les hors la loi... tant que je serai seul... j'aurai de la tête... je ne crains rien... mais, si je te savais exposée... toi aussi, ma bonne Louise, ça serait fini...
MAD. BELHOMME. Ah!.. mon pauvre Belhomme... que je t'avais bien jugé.
BELHOMME, *étonné.* Eh bien... qu'est-ce qu'il lui prend donc?
MAD. BELHOMME, *émue.* Ah! je t'aime, va!.. je suis fière de toi: vois-tu Belhomme... si je te trompais jamais, tu peux me tuer, je ne dirai rien... ça serait juste.
BELHOMME. Par exemple!..
MAD. BELHOMME. Mais, j'ai du courage aussi, je ne te quitte pas... et s'ils t'envoyaient à la mort, j'y marcherais avec toi.
BELHOMME. Justement, je ne veux pas.
MAD. BELHOMME. Belhomme... il n'y a que moi ici qui puisse dire: «Je le veux.»
BELHOMME. Mais...
MAD. BELHOMME. Laisse-moi seulement prévenir madame Pascal qui va rentrer.
BELHOMME, *effrayé.* Non, non, ne préviens personne... il faut prendre garde à présent, je n'ose plus dire à un ami: *Bonjour, comment te portes-tu?* j'ai peur qu'il n'abuse de mes paroles!.. je n'en ai lâché deux mots qu'à M. Eugène, en passant.
MAD. BELHOMME. Qu'il a dû en être content?
BELHOMME. Oh! il m'a sauté au cou... d'un seul bras, par exemple!.. parce qu'il a reçu un coup d'épée dans l'autre.
MAD. BELHOMME. Un coup d'épée?..

BELHOMME. Un duel !.. avec un des juges du marquis, qui refusait de lui nommer le dénonciateur, ça pouvait le compromettre... heureusement qu'on a besoin de lui... on venait même de l'appeler au comité de salut public pour une mission importante ! nous sommes convenus qu'il tâcherait d'obtenir un brevet en blanc dans les charrois... nous en profiterons pour faire filer le marquis... en blouse... le fouet à la main... tu comprends... le tribunal révolutionnaire aurait un pied de nez !.. et quant à mademoiselle Cécile...

MAD. BELHOMME. Chut ! tais-toi...

BELHOMME. Quelqu'un ?.. vois-tu, vois-tu... tu m'as fait bavarder. Je ne serais pas surpris d'être mandé ce soir à ma section...

SCÈNE IV.

Les Mêmes. PASCAL et les Garçons.

PASCAL. Ouvrez la grande porte...
BELHOMME. C'est Pascal.
PASCAL, *en dehors.* Prenez garde d'accrocher en tournant.
BELHOMME. Tiens !.. c'est une voiture que ses garçons amènent.
PASCAL. Doucement, doucement donc...
MAD. BELHOMME. Que de précautions... c'est donc un équipage d'ambassadeur ?
BELHOMME. Non ! une berline bien simple.
BELHOMME. Il l'aura eue pour rien.
PASCAL. Maintenant, je vais ouvrir... Ah ! vous étiez là, Belhomme... et la voisine aussi ; enchanté ! Que le ciel les confonde.
BELHOMME, *d'un air dégagé.* Bonsoir, Pascal... nous ne te gênons pas...
PASCAL. Du tout. Je croyais... que ma femme...
MAD. BELHOMME. Elle va rentrer ; elle a été chercher son enfant chez une voisine... et, pendant ce temps là, je gardais son ménage.
PASCAL. Ah ! c'est très bien, en vous remerciant ; mais maintenant... que me voilà...
MAD. BELHOMME, *souriant.* Nous pouvons nous en aller, n'est-ce pas ? *(A son mari.)* Est-il aimable, ce bourru-là !..
BELHOMME, *bas.* Ce n'est pas de la dernière politesse.
MAD. BELHOMME. Et vois donc... quel air extraordinaire...
BELHOMME, *bas.* Oui, il a un air... est-ce qu'il m'aurait entendu tout à l'heure... j'ai été bien imprudent.
PASCAL, *à part.* Comme ils me regardent... se douteraient-ils de quelque chose ?

Les garçons entrent par la gauche.

PREMIER GARÇON, *à Pascal.* V'là qu'est fait... citoyen Pascal.
PASCAL, *vivement, en les interrompant.* C'est bien ! c'est bien, mes amis ! tenez, voilà un assignat de cinq cents francs. *(A part.)* c'est le dernier. *(Haut.)* Allez boire un coup à ma santé.
PREMIER GARÇON, *bas à ses camarades.* Est-il ladre ! cinq cents francs pour remiser une berline ! nous n'aurons pas seulement chacun une chopine.
DEUXIÈME GARÇON, *bas.* Dam ! les sous sont rares... la république est gênée.
PREMIER GARÇON. Salut, citoyenne... et la compagnie.

Les garçons sortent.

SCÈNE V.

BELHOMME, PASCAL, MAD. BELHOMME.

BELHOMME, *regardant la voiture à travers les vitraux.* Une nouvelle emplette que tu viens de faire ?
PASCAL. Oui. *(A part.)* Comme ils l'examinent.
BELHOMME. Un bon marché, sans doute.
PASCAL, *les yeux au ciel.* Oh non !..
MAD. BELHOMME. Alors, faut qu'elle ait quelque mérite caché, car je vous avoue que je ne la trouve pas trop belle votre berline.
PASCAL, *troublé.* C'est une occasion... une voiture de poste... ça n'a rien de brillant ; mais c'est excellent pour un voyage, je trouverai facilement à la placer.
BELHOMME. Oh ! on peut s'en rapporter à lui... le gaillard ne fait que de bonnes affaires. A propos, as-tu passé au Luxembourg ?
PASCAL, *plus troublé.* Au Luxembourg ? Comment ?.. Pourquoi venez-vous me parler...
BELHOMME, *étonné.* Mais dam ! pour savoir si tu es instruit...
PASCAL, *avec vivacité.* Non... je ne sais rien... je ne veux rien savoir.
BELHOMME, *à sa femme.* Qu'est-ce qu'il a donc ?.. est-ce que j'ai dit quelques bêtises ?
MAD. BELHOMME, *bas.* Ce n'est pas étonnant, il croit que le marquis... j'ai envie de le rassurer... de lui dire...
BELHOMME, *la retenant.* Du tout, il voudrait s'en mêler, et il nous mettrait dans le gâchis.
PASCAL, *à part.* Ils ne s'en iront pas... et ils semblent se consulter.

BELHOMME, *à lui-même.* Je lui trouve d'ailleurs une physionomie toute... allons-nous-en. (*Haut.*) Ah ça, citoyen Pascal, la voisine ne rentre pas, on sera inquiet chez nous. (*Se mettant la main sur la bouche.*) Oh! (*Se reprenant.*) Quand je dis... qu'on sera inquiet... c'est une manière de parler, parce que, quand il n'y a personne... (*A part.*) Je suis horriblement maladroit.

PASCAL, *avec empressement.* C'est bien, au revoir!..

MAD. BELHOMME, *revenant sur ses pas.* Ah! à propos, voisin...

PASCAL, *avec humeur.* Encore...

MAD. BELHOMME. Nous voulions vous prier de nous rendre un petit service.

PASCAL. Quoi donc?

MAD. BELHOMME. De nous prêter... un assignat de mille francs.

PASCAL. Comment?

BELHOMME, *à sa femme.* Est-ce qu'il n'y a plus rien à la maison?

MAD. BELHOMME. Rien, absolument.

BELHOMME, *bas.* Dans tous les tiroirs?

MAD. BELHOMME, *bas.* Et deux personnes de plus.

BELHOMME, *bas.* Tais-toi donc, femme inconsidérée!

MAD. BELHOMME, *à Pascal.* Ça ne serait que jusqu'à demain... et...

PASCAL, *brusquement.* Mille francs... mille francs... on croit donc que je roule sur l'or.

BELHOMME. Il n'est pas question d'or, puisque c'est un assignat qu'on te demande.

PASCAL, *avec humeur.* Des assignats... des assignats... on n'en gagne pas déjà tant.

MAD. BELHOMME. Laissez donc, quand on achète des voitures...

PASCAL, *avec humeur.* Il faut les payer, d'ailleurs! je l'ai prise à crédit... et puis, les ouvriers, les charges; vous ne vous embarrassez pas de ça, vous... (*Avec colère.*) Il y a des gens qui sont sans gêne; il restent les bras croisés, ils ne font rien, et puis, quand ils ont besoin d'argent, ils vont quémander de porte en porte.

MAD. BELHOMME. Ah! mais, voisin...

BELHOMME. Il est de fait, voisin!..

PASCAL, *sèchement.* Finissons!.. je ne peux pas vous prêter,... je n'ai pas un sou! ainsi, adressez-vous à d'autres.

BELHOMME. Eh bien! eh bien! n'faut pas crier pour ça.

MAD. BELHOMME, *piquée.* Pardi, c'est un malheur! comme on dit: les plus riches ne sont pas les plus obligeans...

BELHOMME, *bas à sa femme.* Prends donc garde! (*Haut.*) Si le voisin le pouvait...

MAD. BELHOMME. Je n'en voudrais plus, maintenant.

PASCAL. A votre aise.

BELHOMME. Si, je le prends, moi, parce que tous les assignats sont égaux devant la loi! Comment feras-tu?

MAD. BELHOMME, *bas.* Je vendrai plutôt mes quatre couverts d'argent.

BELHOMME, *bas.* Que tu n'as pas voulu déposer...

MAD. BELHOMME. Ça nourrira deux malheureux... c'est mon autel de la patrie, à moi. Sans rancune, voisin. Nous n'en serons pas moins bons amis pour ça; mais si je remets les pieds chez vous!

PACAL. Et vous ferez bien... Je n'aime pas les gens qui sont toujours à fureter... à espionner.

MAD. BELHOMME. Espionner... espionner... jour de dieu! Si j'étais votre femme...

BELHOMME. Allons, allons, pas de mots!

MAD. BELHOMME. Suffit! je ne veux pas me fâcher! je vous croyais un bon cœur; mais je vois que comme tant d'autres, vous sacrifieriez tout à un écu! grand bien vous fasse, mais nous ne mangerons pas à la même table! vous m'avez entendue? je n'ai plus rien à vous dire! Votre servante; venez, Belhomme.

Elle sort.

SCÈNE VI.

PASCAL, *seul.*

Ils sont partis! c'est heureux! Ne semble-t-il pas déjà qu'ils ont jeté un regard de convoitise... que je dois nourrir tous les fainéans du quartier... Oh! non... pour moi... pour moi seul! cette fortune! je l'ai payée assez cher, mon Dieu! Fermons tout, que personne... (*Regardant la voiture.*) Elle est là... chez moi. Il me semble que c'est un rêve, et j'ai peine à me rappeler... Je ne le voulais pas... non!... je courais sur les traces de mon père... je suis arrivé trop tard! Alors, je ne sais quelle rage... quelle frénésie est venue me dessécher l'âme... m'enlever toute raison, toute pitié!... oh! que j'ai souffert... à cette vente!.. au milieu de cette foule... je croyais les voir tous remarquer mon trouble, mon effroi... la sueur qui ruisselait de mon front... et quand ce trésor ignoré de tous m'a été adjugé, j'ai pensé mourir... j'ai cru que le marquis allait paraître... et... (*Se calmant*) Non! il a dû s'évader, fuir de Paris... pour toujours... ces richesses sont à moi... bien à moi! Je ne suis plus Pascal... le misérable ouvrier... l'homme obscur... dédaigné... je suis riche... et à celui que la fortune favorise... qui répand l'or à pleines mains... lui demande-t-on comment il l'a gagnée? non, il est riche!... ce mot répond à tout... à lui, les honneurs, les respects... honte et malheur à celui qui n'a rien. Tandis que je suis seul... hâtons-nous de contempler... Qui vient là! Qui vient là?...

SCÈNE VII.
PASCAL, HENRIETTE.

HENRIETTE. C'est moi, mon ami! il n'y a pas long-temps que tu es rentré? et madame Belhomme... où est-elle? tu ne l'as pas vue?

PASCAL. Si!... elle vient de partir.

HENRIETTE. Tiens!... et moi, qui l'avais engagée à souper avec nous.

PASCAL, *brusquement*. C'est bien le moment!.. un souper... des dépenses!

HENRIETTE. C'était pour te distraire... Si j'avais cru que cela te contrariât...

PASCAL, *s'asseyant dans un coin*. Il suffit.

HENRIETTE. Mon dieu! qu'as-tu donc? tu me réponds à peine... tu es pâle!... est-ce que tu souffres.

PASCAL. Non.

HENRIETTE. Est-ce que...

PASCAL, *avec impatience*. Que de questions... j'ai... j'ai besoin d'un peu de repos... de tranquillité, et je ne peux pas en trouver. Voyons, que voulez-vous? que venez-vous faire ici?

HENRIETTE, *interdite*. Mais je venais auprès de toi... te tenir compagnie...

PASCAL. C'est bien la peine!

HENRIETTE. J'ai ramené ton fils. (*Montrant la chambre.*) Il est là... dans son berceau; ne veux-tu pas l'embrasser?

PASCAL, *à part*. L'embrasser... je ne pourrais pas.

HENRIETTE. Eh bien?...

PASCAL. Hé non!... laissez-moi... laissez-moi, vous dis-je... Pas un regard, maintenant qui ne me pèse... qui ne me trouble!.. six cent mille francs en or, des diamans... comment ferai-je? comment les dérober... (*Haut.*) Il est tard... il me semble qu'il serait temps de se retirer.

HENRIETTE. Et le souper.

PASCAL. Ah! oui... le souper... c'est ce que je voulais dire... qu'attendons-nous?

HENRIETTE. Tout est prêt, mon ami.

PASCAL. C'est bien, asseyons-nous. (*Il s'arrête.*) Pourquoi donc trois couverts.. pour qui donc celui-là?

HENRIETTE. Pour ton père!

PASCAL. Mon père!..

HENRIETTE. Ah! ne me regarde pas ainsi... tu me fais peur!.. ne devais-tu pas le ramener?..

PASCAL, *à lui-même*. Mon père? non!.. il ne viendra pas...

HENRIETTE. Comment...

PASCAL. Il ne viendra pas, vous dis-je. Otez ce couvert... ôtez-le il me tue!- Mettez-vous là... soupons!.. oui (*S'asseyant.*) je crois effectivement que le besoin... non, je ne peux pas... je n'ai pas faim!.. à boire!.. Si je pouvais m'étourdir.

HENRIETTE. O mon dieu! Mon ami, j'espère au moins... que ton père...

PASCAL. Encore!.. Avez-vous donc juré de me faire perdre la raison. Taisez-vous! nous avons fini... c'est bien! enlevez cela et allez vous reposer.

HENRIETTE. Et toi?

PASCAL. Plus tard... J'ai à travailler... une voiture à réparer... enfin... je veux être seul... m'entendez-vous?

HENRIETTE. J'obéis... (*A part.*) Ah! je ne m'éloignerai pas... son agitation me fait trembler.

SCÈNE VIII.
PASCAL, *se croyant seul*.

Plus de repos!.. et ces misérables usuriers... ils vont venir... il faut que je prépare... ouvrons vite un des secrets. Le cœur me bat!.. la première fois que je vais porter la main. (*Il tire la porte qui résiste d'abord.*) Qui retient donc cette porte, et qui peut l'empêcher... (*La porte s'ouvre enfin; le portrait se détache et tombe debout devant lui.*) Que vois-je?.. le marquis! c'est lui!.. lui... qui me poursuit... me tue de ses regards... il vient pour me confondre, pour me redemander son bien! A moi!.. au secours, au secours.

SCÈNE IX.
PASCAL, HENRIETTE, *accourant*.

HENRIETTE. Qu'est-ce donc! ces cris affreux...

PASCAL, *troublé*. Ah! c'est vous!.. ce portrait... qui l'a mis là... qui l'a apporté?

HENRIETTE. Ah! pardon... mon ami... sa vue a renouvelé tes regrets!

PASCAL. Qui a osé l'apporter?

HENRIETTE. C'est moi... j'ai employé toutes mes épargnes pour racheter l'image de notre bienfaiteur.

PASCAL. Vous! Elle a racheté son portrait. Et moi...

HENRIETTE. Mais... je ne me trompe pas... cette berline... c'était celle de M. de Savigny.

PASCAL. Otez ce portrait.

HENRIETTE, *de même*. Qui donc a ramené cette voiture?

PASCAL. Emportez-le, vous dis-je!

HENRIETTE. La reconnaissance me fait un devoir de le garder; est-ce aussi la reconnaissance qui a ramené cette voiture ici?.. vous ne répondez pas?.. elle devait renfermer de l'or... vous me l'avez dit... en y travaillant... des secrets, que vous seul connaissiez.

PASCAL, *tremblant*. Assez...

HENRIETTE. Un traître a livré le marquis, et sa voiture est là... chez vous!.. Mais défends-toi donc, malheureux... dis-moi donc que ce n'est pas toi... que mon mari n'est pas un lâche... un dénonciateur.

PASCAL. Taisez-vous... taisez-vous!..

HENRIETTE. Me taire! quand nous sommes déshonorés... quand toi, ta femme, ton enfant, tu nous perds tous!

PASCAL, *hésitant*. Non... M. de Savigny n'est pas mort.

HENRIETTE. Il n'est pas mort? et tout à l'heure encore... j'ai entendu...

PASCAL. On s'est trompé.

HENRIETTE. Et qui donc l'a sauvé?.. ton père?

PASCAL, *hésitant*. Je... je l'ignore...

HENRIETTE. Tu mens... ton trouble.. ta pâleur... le marquis a succombé... j'en suis sûre... et c'est toi... c'est toi qui l'as livré.

PASCAL. Oh! c'est à lasser les anges... Plus bas!.. plus bas!.. tu veux donc ameuter toute la ville contre moi... quand je te dis que le marquis est sauvé... qu'il existe... qu'il respire!

HENRIETTE. Alors, que ton père vienne, qu'il me dise que tu es innocent... je le croirai...

PASCAL, *frémissant*. Mon père...

HENRIETTE. Pourquoi n'est-il pas là?

PASCAL, *de même*. Tais-toi!..

HENRIETTE. C'est qu'il connaît ton crime.

PASCAL. Silence!

HENRIETTE. Qu'il te maudirait... qu'il t'a maudit déjà, peut-être!

PASCAL, *furieux et courant à elle*. Silence, sur ta vie!.. ou ma fureur!..

HENRIETTE, *tombant à genoux*. Ah!..

BELHOMME, *frappant*. Citoyen Pascal...

PASCAL, *s'arrêtant*. Ciel!..

HENRIETTE. Quelqu'un...

PASCAL. C'est la voix de Belhomme!..

BELHOMME, *en dehors*. Hé! citoyen Pascal, ouvre donc.

PASCAL. Relevez-vous!.. essuyez vos yeux!.. ou plutôt... non... rentrez... rentrez là... et s'il vous échappe un seul mot...

HENRIETTE. Crains-tu donc que je te dénonce... j'ai trop horreur des traîtres. O mon pauvre enfant!..

BELHOMME. Ah çà, dis donc, est-ce que tu vas nous laisser à la porte?

PASCAL. Un moment.

BELHOMME, *en dehors*. C'est de la part du comité de salut public.

PASCAL. Du comité... qu'est-ce que cela signifie?

BELHOMME, *continuant*. Citoyen, Pas...

PASCAL, *ouvrant*. Voilà...

≈≈≈≈≈≈≈≈≈≈≈≈≈≈≈≈≈≈≈≈≈≈≈≈≈≈≈≈≈≈≈

SCÈNE X.
PASCAL, BELHOMME.

BELHOMME. Ah! c'est bien heureux! Restez-là, vous autres, avec vos chevaux. (*A Pascal.*) J'ai cru que tu dormais...

PASCAL. Et c'est pour cela que tu faisais un tapage...

BELHOMME. Citoyen... quand je frappe pour la patrie, je frappe comme un sourd, surtout si ça peut rendre service à un ami.

PASCAL. Comment?

BELHOMME. Tu ne te doutais pas de la superbe pratique à qui tu faisais faire antichambre dans la rue; la république, mon cher... la république elle-même, une et indivisible.

PASCAL. Que signifie?

BELHOMME. Tel que tu me vois; je suis envoyé en mission extraordinaire, c'est-à-dire, nous sommes envoyés, c'est-à-dire, le capitaine Eugène Leclerc est envoyé en mission extraordinaire à l'armée du Rhin, je l'accompagne, ainsi, c'est la même chose! il faut que nous soyons partis dans cinq minutes...

PASCAL. Qu'est-ce que cela me fait? bon voyage.

BELHOMME. Attends donc; il nous fallait une voiture, je me suis dit: voilà une bonne occasion pour le voisin Pascal qui est un peu gêné dans ce moment-ci, tu n'as pas été très aimable pour nous tout à l'heure; mais je n'ai pas de rancune, moi, et grâce à ma recommandation, le comité de salut public t'accorde la préférence; voilà la réquisition...

PASCAL. Il faut que je te fournisse...

BELHOMME. Ce que tu as de mieux, choisis-nous ça toi-même...

PASCAL. Un beau service que tu me rends là...

BELHOMME. Certainement; tu seras payé en assignats, par exemple.

PASCAL. Je ne le sais que trop!

BELHOMME. Qu'est-ce que ça fait? est-ce que tu aurais un attachement secret pour ce vil métal, fi donc! c'est un ci-devant... de bons et purs assignats, morbleu! qui perdent quatre-vingt-dix pour cent, parlez-moi de cela?

PASCAL. Ecoute, Belhomme, j'aime autant que le comité donne sa pratique à un autre... ainsi...

BELHOMME. Il n'est plus temps mon cher; il faut que nous partions...

PASCAL. Mais on ne peut pas me forcer.

BELHOMME. Si fait, une réquisition! la loi est formelle, si tu résistais, j'aurais la douleur de te voir traduit au tribunal révolutionnaire...

PASCAL, à part. Morbleu!

BELHOMME, *regardant les voitures*. Qu'est-ce que tu nous donnes, cher ami?

PASCAL. Voilà une chaise de poste.

BELHOMME. Fi donc! cette odieuse vinaigrette, qui n'a que le souffle; je n'en veux pas.

PASCAL. Eh bien, cette dormeuse, à côté...

BELHOMME. Ça? mais tu n'y penses pas citoyen! un méchant coupé de trois pieds! encaisser l'Apollon du Belvedère, dans une pareille boîte à perruques, ce serait mutiler mes belles formes... Hé, parbleu, nous n'y pensions pas, ta dernière acquisition...

PASCAL, *alarmé*. Comment?

BELHOMME. C'est notre affaire! des vaches sur l'impériale, des doubles coussins pour dormir... l'Apollon sera très bien...

PASCAL. O ciel. Du tout, du tout, cette voiture ne vous convient pas...

BELHOMME. Pourquoi donc?

PASCAL. C'est trop grand...

BELHOMME. Tant mieux! on peut s'étendre...

PASCAL. Trop lourd.

BELHOMME. Divin! ça ne versera pas?

PASCAL. Et puis, c'est mal fait, ça vous laissera en route.

BELHOMME. Qu'est-ce que tu dis donc? tu me vantais sa bonté, sa solidité...

PASCAL, *à part*. Maladroit.

BELHOMME. C'est décidé... je la prends.

PASCAL. Tu la prends!

BELHOMME. Voilà notre reçu. Je ne suis pas fâché de le vexer un peu... (*A un postillon qui paraît.*) Attelez, vous autres.

PASCAL. Un moment, je ne souffrirai pas...

BELHOMME. Prends donc garde! le postillon est de la section de Guillaume-Tell! des enragés!

PASCAL, *troublé*. Dieux! écoute, écoute Belhomme! tu es mon ami, tu ne peux pas vouloir... cette voiture est promise, elle est vendue.

BELHOMME. Tu en donneras une autre; la patrie avant tout. Dépêchons...

PASCAL. Il vous faudra quatre chevaux.

BELHOMME. On en mettra six.

PASCAL. Un républicain...

BELHOMME. Eh bien? pourquoi donc que la république n'irait pas à six chevaux? pourquoi donc qu'elle ne prendrait pas ses aises? voilà le sublime de la république, mon cher, c'est que nous aurons tous voiture, avec deux laquais et cinquante mille livres de rentes. Le char est-il prêt?

LE POSTILLON. Dans l'instant, citoyen.

PASCAL, *voulant l'empêcher de monter*. Belhomme, Belhomme, au nom du ciel!

BELHOMME. Adieu!

PASCAL. Prends dix voitures, prends toutes les autres; mais laisse-moi celle-là?

BELHOMME. Es-tu fou? Ah ça, quand elle contiendrait le trésor de Pitt et Cobourg.

PASCAL, *s'arrêtant*. Le trésor!

BELHOMME, *montant dans la berline*. Allons, allons ne m'étourdis plus de tes sordides réclamations, tu as ton reçu! tu es payé...

PASCAL. Par pitié.

BELHOMME. Ah! ah!.. Pascal! ah! mon ami, tu avais raison, comme c'est douillet... de vrais lits de plumes!..

PASCAL. Ecoute-moi.

BELHOMME, *au postillon*. Allons donc, postillon... vite le porteur... et en selle...

PASCAL. Oh! je saurai bien empêcher..,

Il est arrêté par Henriette qui, pâle et tremblante d'émotion, le saisit par la main.

SCÈNE XI.

Les Mêmes, HENRIETTE.

HENRIETTE, *à mi-voix*. Le ciel est juste! tu ne jouiras pas du fruit de ton crime...

PASCAL, *la repoussant*. Laissez-moi!..

HENRIETTE. Je sais tout! (*Lui montrant un papier.*) ce mot tracé au crayon... au pied de l'échafaud par ton père lui-même.

PASCAL Ciel!..

HENRIETTE. Adieu!.. tu ne me verras plus.

PASCAL, *étonné*. Comment.

HENRIETTE. Tant que je t'ai cru honnête homme, j'ai pu tout supporter; mais main-

nant je ne suis plus ta femme... je pars
t j'emmène mon enfant.

PASCAL. Mon fils...

BELHOMME, *dans la berline.* Voilà qui est
ini... en route, postillon, et n'accroche
as la république.

PASCAL. Belhomme!..

BELHOMME. Adieu, cher ami, bien des
omplimens chez toi!...

PASCAL, *criant.* Belhomme!.. arrêtez..
enfer!.. je suis ruiné... Et toi, malheureuse...

HENRIETTE. Ne m'approche pas... ne
me touche pas, parricide. Adieu pour toujours.

PASCAL. Ah! tout perdre à la fois.

ACTE QUATRIÈME.

Le théâtre représente une cour d'auberge, avec porte charretière ouverte sur la grande route, qui passe au fond, et qui est encombrée de caissons, charrettes, fourgons. A droite du spectateur, le principal corps de logis de la maison; du même côté et plus en avant, un petit bâtiment qui s'avance en saillie, et auquel on monte par un escalier extérieur en bois : le dessous de ce petit bâtiment forme des remises fermées par des rideaux, et qui communiquent aux écuries qui sont censées de l'autre côté du bâtiment. Tout-à-fait au premier plan, une petite porte qui mène à la seconde cour de l'auberge, où sont les écuries, les étables, etc., etc. A gauche du spectateur, un petit hangard à battre le blé, dont l'ouverture fait face au public. Plus loin, la porte qui conduit au jardin. Dans le lointain, des montagnes couvertes de bois.

SCÈNE I.

BELHOMME, LETOURNEAU, *et quatre
Tambours d'un côté; de l'autre,* LUCEVAL, *et plusieurs jeunes Peintres.*

Au lever du rideau, Belhomme sert de modèle à
Luceval et aux jeunes peintres.

BELHOMME. Ensemble! mais vous n'avez donc pas d'oreilles?

LUCEVAL. Ils sont bien heureux.

BELHOMME, *se tournant vers ses tambours.*
Vois-tu, Letourneau, ça manque de grâce!
pourquoi? parce que tu ne te raidis pas
assez; la tête, les bras, le corps, tout ça
joue en même temps, tu as l'air d'avoir
trente-six compartimens... Tiens!

Il fait un roulement.

LUCEVAL, *à Belhomme.* Eh bien, eh bien,
notre modèle.

BELHOMME. Voilà, mon officier. (*A Letourneau.*) Regarde les statues des Tuileries, toutes raides comme des bâtons,
vois le gladiateur auquel je prête mon
physique pour le quart-d'heure, il ne pliait pas le jarret pour un empire... c'est le
vrai beau, le beau antique.

LETOURNEAU. Suffit, major, on s'y conformera... (*Les tambours se retirent.
Roulement.*) En marche! la cintième légerte.

LUCEVAL. Ma demi-brigade; il paraît
que nous allons commencer la danse.

BELHOMME. Ces chers amours à moustaches cirées et six pieds de queue, on dit
qu'il veulent se faire frotter.

LUCEVAL. On leur en donnera le plaisir.

BELHOMME. Tapez ferme, se sont des
têtes de bois.

LUCEVAL. Oui, mais s'il tapaient sur la
mienne... Cependant, il faut que je te paye
ta séance.

BELHOMME. Fi donc, entre artistes! ou
plutôt... Tenez, mon officier, si vous
croyez me devoir quelque chose, rendez-moi un service.

LUCEVAL. Qu'est-ce que c'est?

BELHOMME. Vous m'avez l'air d'un brave jeune homme, et puis les artistes sont
tout cœur... J'attends ici quelqu'un... que
je voudrais voir déjà de l'autre côté du
Rhin, vous comprenez.

LUCEVAL, *bas.* Un émigré.

BELHOMME. Quelque chose comme
cela.

LUCEVAL. Que puis-je faire pour lui?

BELHOMME. Presser le capitaine Eugène
de m'envoyer le laissez-passer qu'il a dû
obtenir du général Desaix, pour que notre
homme puisse franchir la frontière.

LUCEVAL. C'est dit!

BELHOMME. Et puis, si vous rencontrez
le pauvre diable là-bas... lui tendre la
main... l'aider...

LUCEVAL. Comment s'appelle-t-il

BELHOMME. Pour tout le monde, le citoyen Durand! mais pour les braves gens
comme vous... le marquis de Savigny.

LUCEVAL, *frappé.* Le marquis, il existe,
et quand je devais quitter Paris.

BELHOMME. Chut!

LUGEVAL. Ah! je le servirai de toute mon ame, car moi seul peut-être je connais le misérable... (*On entend le tambour du corps qui se met en marche.*) Pas moyen, je te conterai ça une autre fois... Adieu, mes amis, j'espère que vous nous rejoindrez bientôt, et qu'après avoir donné le coup de crayon ensemble, nous donnerons le coup de fusil avec le même agrément! Attendez-moi donc, vous autres..

SCÈNE II.
BELHOMME, LETOURNEAU.

BELHOMME. Je ne conçois rien à ce retard; M. de Savigny faisait partie du septième train qui est déjà arrivé, ma femme et mamzelle Cécile devait l'accompagner. (*A Letourneau.*) Letourneau.

LETOURNEAU. Major?

BELHOMME. Ecoute-moi, tu es un joli tambour, plein d'expression dans ton jeu, et qui ira loin.

LETOURNEAU, *flatté*. Ah!

BELHOMME. Pour le moment, tu vas aller sur la grande route, te mettre de planton.

LETOURNEAU. Ah! major!

BELHOMME. Dès que tu verras paraître une petite cariole aux trois couleurs, roulement soigné, des ras et des flas jusqu'à extinction.

LETOURNEAU. C'est donc quelque général qui arrive par la patache?

BELHOMME. Enfant candide, tu ne devines pas que l'amour, ce petit dieu... Je n'ai pas posé pour l'amour, ça manque à mon catalogue... Tu ne devines pas que cette cariole renferme une jolie femme.

LETOURNEAU. Ah! ah! major.

BELHOMME. Que dis-je? deux jolies femmes!

LETOURNEAU. Oh! oh! major...

BELHOMME. Réprime ce sourire équivoque, tambour caustique, l'une d'elle est ma légitime, et l'autre, une parente...

LETOURNEAU. Oui, une parente! suffit, ça ne me regarde pas... je vais me mettre en faction, et je lui fais une réception étourdissante.

BELHOMME. Tu obligeras un époux sensible qui te paiera bouteille à la première rencontre! j'ai une conférence avec trois ou quatre tambours maîtres de la brigade, pour savoir si nous mettons définitivement la nouvelle charge sur l'air: *Bouton de rose*, ou celui de: *Femmes, voulez-vous éprouver*... Salut et fraternité, tambour...
Il rentre dans l'auberge.

LETOURNEAU, *seul*. Hum! le major qui se met sur le pied des généraux... sa femme... et la princesse... tenue de campagne! Où c' qu'est ma caisse?

SCÈNE III.
LETOURNEAU *de coté*, PASCAL *arrivant*.

PASCAL. Je tombe de lassitude, ce soleil ardent, cette poussière! ils m'ont dit à droite... Camarade!

LETOURNEAU. Hein?

PASCAL. N'est-ce pas ici le village des Quatre-Routes?

LETOURNEAU. Oui, citoyen.

PASCAL. Cette auberge est la seule du pays?

LETOURNEAU. Unique dans son genre! aussi, pas de place, tous les étages sont pris jusqu'au grenier, par les grosses et petites épaulettes; si bien que nous, infortunés musiciens, nous nous délectons à la belle étoile, ce qui est désolant à cause du serein...

PASCAL. Vous craignez les rhumes.

LETOURNEAU. Parbleu! pour mon tambour!.. s'il venait à se détendre, j'aurais l'air de jouer du mirliton.

PASCAL, *sans l'écouter*. L'état-major du bataillon du Louvre y est aussi?

LETOURNEAU. Certainement.

PASCAL, *avec joie*. Ah! il faut absolument que je trouve à m'y loger.

LETOURNEAU. Prends garde de le perdre!.. Va, citoyen, ton baldaquin est tout trouvé (*Montrant le ciel.*), le v'là là-haut! et tu ne risqueras pas de gâter ton uniforme.

SCÈNE IV.
PASCAL, *seul*.

Des regards de mépris... toujours! partout! Oh! l'aspect de la misère!.. J'ai épuisé toutes les humiliations, tous les tourmens... si je n'avais été soutenu par cet espoir qui décuplait mes forces... cette berline! maintenant que je n'ai plus de famille, que tout m'abandonne, ces richesses m'appartiendront. Les secrets de cette voiture ne sont connus que de moi; je la suivrai partout! je croyais la reconnaître dans toutes celles qui passaient devant moi; alors, je perdais la tête; je courais comme un insensé, comme un furieux, jusqu'à ce que je reconnusse mon erreur; car, avec l'avance qu'elle avait sur moi... il était impossible... Mais qu'en auront-ils fait? s'ils l'avaient déjà revendue?.. s'il me fallait encore courir?.. Ah! je n'aurai pas un instant de repos. Je suis seul... Voyons!.. examinons... Ce hangard... rien!.. ces remises! La voilà!.. c'est elle!... c'est bien elle! ô bonheur! le cœur me bat à briser ma poitrine!.. Mais n'y a-t-on pas touché?.. n'a-t-on rien découvert?.. Non, non... les panneaux sont intacts... les ressorts si bien cachés... les maladroits... ils ont dormi là... et un instinct secret ne leur disait pas: *De l'or... c'est de l'or.* Je ne m'y serais pas trompé, moi! et maintenant il ne m'échappera plus. (*On entend un roulement.*) Qu'est-ce donc?

BELHOMME, *en dehors*. Quel tapage... c'est ma femme... mon cœur la reconnaît...

PASCAL. La voix de Belhomme!.. s'il m'aperçoit! Hé vite de ce côté... mais je ne quitte plus cette voiture des yeux...

Il s'enfonce dans le jardin.

SCÈNE V.

BELHOMME, LETOURNEAU, *puis* MAD. BELHOMME, *et* CÉCILE *en vivandières.*

BELHOMME, *sur l'escalier*. Les voilà! oui, vraiment, ce sont elles!

MAD. BELHOMME. Où est-il? où est-il?

BELHOMME. Par ici, ma femme!

MAD. BELHOMME, *lui sautant au cou*. Mon pauvre Belhomme! je te revois donc?

BELHOMME. Fidèle Pénélope l'embrasse ton Ajax! Et ma petite cousine veut-elle permettre par la même occasion...

CÉCILE, *l'embrassant*. Comment donc? avec plaisir, mon cousin!

BELHOMME, *bas*. Très bien! ça trompe tout le monde, voyez-vous... (*Letourneau fait un roulement.*) Ah ça, finis donc, toi.

MAD. BELHOMME. Il nous casse la tête...

LETOURNEAU. J'honore votre épouse... je ne fais que des *ras*, c'est plus sonore.

BELHOMME. Flatteur de tapin. Tiens, Horatius Coclès... vas tremper tes baguettes au Tourne-Bride...

MAD. BELHOMME. Et ce soir, distribution gratis de petits verres, à la santé de ma cousine...

LETOURNEAU, *à Belhomme*. Vous avez une famille bien estimable! Salut, major...

Il bat deux ou trois coups et sort.

BELHOMME. Enfin! nous voilà entre nous, et la citoyenne Cécile, comment se trouve-t-elle du voyage?

CÉCILE. Encore toute étourdie; mon Dieu, M. Belhomme, que c'est terrible un camp! une armée! ces chemins couverts de soldats... qui vous font des peurs...

MAD. BELHOMME. Et d'officiers, qui veulent vous embrasser...

BELHOMME. Hein? les défenseurs de la patrie s'oublieraient au point de...

MAD. BELHOMME. Pardi! deux femmes seules... l'une charmante! l'autre pas trop mal! c'était à qui s'empresserait... La petite vivandière par ci: « La jolie vivandière par l'autre. » Mais j'étais là, moi... un grenadier, la plus belle défense...

BELHOMME. Comme si c'eût été pour ton propre compte.

MAD. BELHOMME. Bien mieux, ma foi... Citoyen! respect aux propriétés... nous appartenons à l'état-major...

BELHOMME, *émerveillé*. Très bien! une vraie Romaine... la mère des *Cracques*...

CÉCILE. Sans madame Belhomme, je serais morte mille fois de frayeur...

MAD. BELHOMME. Ah! je n'ai pas ma langue dans ma poche...

CÉCILE. Et si bonne... si prévenante pour moi!

MAD. BELHOMME. C'était bien le moins! pauvre chère demoiselle...

BELHOMME. Et monsieur le marquis?

MAD. BELHOMME. Le citoyen Durand...

BELHOMME. Oui, oui! c'est convenu!

MAD. BELHOMME. Il est arrivé avec le parc d'artillerie...

CÉCILE. Nous ne nous perdions jamais de vue... jugez quel bonheur pour moi.

BELHOMME. Eh bien! qu'est-ce qu'il fait donc?

MAD. BELHOMME. Il donne à manger à ses chevaux...

BELHOMME. Lui-même... lui... Monsieur le marquis, il donne à manger... et vous croyez que je permettrai...

MAD. BELHOMME. Où vas tu donc?

BELHOMME. Arracher la paille et l'avoine de ces nobles mains!.. il ferait beau voir, tandis que je suis les bras croisés comme le Manlius, du citoyen *chose*... que monsieur le marquis...

MAD. BELHOMME. C'est ça... avec tes respects... tu le feras découvrir...

BELHOMME, *s'arrêtant*. Oh! c'est juste!

CÉCILE. D'ailleurs, maintenant que nous sommes loin de Paris... il n'y a plus rien à craindre... n'est-ce pas M. Belhomme, vous êtes tranquille...

BELHOMME, *hésitant*. Tranquille! c'est-à-dire, dans ce sens... que je ne sais plus où donner de la tête...

MAD. BELHOMME. Comment?.. chut! voici monsieur le marquis...

BELHOMME, *bas à sa femme.* Il ne faut pas t'effrayer... mais j'aimerais mieux à présent, qu'il ne fût pas ici...

SCÈNE VI.
Les Mêmes, SAVIGNY, *en costume de conducteur de charrois.*

SAVIGNY. Ah! je vous cherchais!.. (*Cécile se jette dans ses bras.*) Mon enfant!.. (*Serrant la main de Belhomme.*) Mes bons amis!

BELHOMME, *tout ébahi de son costume.* Monsieur le marquis, je veux dire citoyen Durand, je suis confus. (*Faisant tomber des brins de foin attachés à la veste de Savigny.*) Voir un cordon bleu dans un pareil état!

SAVIGNY, *souriant.* C'est que je reviens de la distribution du fourrage.

BELHOMME. Vous y avez été?

SAVIGNY. Le beau courage! je me suis souvenu de mon ancien métier, lorsque j'entrai au régiment, mon père voulut que je fusse d'abord soldat, et mon cheval était soigné avant moi!

BELHOMME. C'est égal, vous avez dû bien souffrir pendant toute la route, des camarades si grossiers.

SAVIGNY. De braves et honnêtes gens, qui tous m'ont prêté secours, ils avaient deviné mon déguisement, car vingt fois j'ai dû me trahir, et pas un n'avait l'air de s'en apercevoir... bien plus, à la dernière municipalité, il me manquait un certificat de civisme, j'allais être arrêté, lorsque dix d'entr'eux me sautent au cou, en m'appelant leur oncle, leur cousin, leur pays, et répondent de moi, sans me connaître, sans me demander mon nom, heureux de partager le danger qu'ils me voyaient courir... (*Ému.*) Ah! ce mouvement généreux m'a rappelé le noble dévouement de mon pauvre Germain.

CÉCILE, *avec tendresse.* Mon père, vous m'aviez promis.

SAVIGNY. Mon enfant, c'est un souvenir qui ne peut plus me quitter... (*Montrant son cœur.*) Germain est là, à côté de toi, et tout mon regret est de n'avoir pu faire pour son fils, et que j'aurais voulu,...

MAD. BELHOMME. Allons, allons, ce n'est pas le moment de nous attendrir.

SAVIGNY. Qu'avons-nous à craindre maintenant, ne suis-je pas au milieu de braves et généreux soldats, au moindre danger, avec ce laissez-passer qu'on a dû t'envoyer.

BELHOMME. Oui! voilà le diable! je ne veux pas vous effrayer, mais ce laissez-passer n'arrive pas.

TOUS. Comment?

MAD. BELHOMME. Qu'est-ce qui devait te l'envoyer.

BELHOMME. Le citoyen Eugène.

SAVIGNY. Eugène!

CÉCILE. M. Eugène, il n'est donc pas ici.

BELHOMME. Ah! bien oui, au quartier-général, en avant! je ne sais où... aide-de-camp du général Desaix.

CÉCILE, *avec joie.* Il est aide-de-camp...

SAVIGNY. Déjà.

MAD. BELHOMME. Ça ne m'étonne pas.

CÉCILE, *à son père.* J'étais bien sûre qu'il se distinguerait.

BELHOMME. Oh! mon Dieu! en arrivant, est-ce qu'il ne s'avise pas, à son débotté, de prendre une redoute presqu'à lui tout seul, et une trentaine de choucroutes qui étaient dedans, et qui le regardaient faire comme de grands imbéciles.

CÉCILE, *au marquis.* Eh bien, mon père, vous voyez, vos soupçons, est-ce que c'était possible, avec tant de courage, tant de noblesse dans l'âme.

BELHOMME. Il a même reçu un coup de feu.

CÉCILE. O ciel!

BELHOMME. Presque rien! il n'y paraît plus; nous autres artistes, nous avons tous reçu quelque chose... moi, j'ai reçu un coup de pied de cheval de l'ordonnateur en chef, qui ne sait pas monter, et qui au lieu d'avancer, reculait sur nous! il a manqué d'enfoncer tous mes tambours.

CÉCILE. Mais enfin, M. Belhomme, ce laissez-passer.

MAD. BELHOMME. Il faut l'attendre.

BELHOMME. Attendre, je ne dis pas, je ne veux pas vous effrayer... mais demain à la pointe du jour, il nous arrive un représentant du peuple, chargé de faire le recensement de l'armée... c'est un diable, à ce qu'on dit, qui va nous éplucher de la tête aux pieds! et s'il vous trouve...

CÉCILE. Ah! mon Dieu!

MAD. BELHOMME. Ah! ça, est-ce bientôt fini, Belhomme, en ne voulant pas nous effrayer, tu nous fais mourir de peur.

SAVIGNY. Retourner sur mes pas.

BELHOMME. Impossible!

SAVIGNY. Au moins, cela ne vous exposerait plus, mes pauvres amis! car si l'on soupçonne l'intérêt que vous me portez...

MAD. BELHOMME. Ne parlez donc pas de ça, monsieur le marquis, la vie n'est bo

...ne qu'à être utile aux autres, qu'est-ce qu'on en ferait, sans cela?

BELHOMME. Je me ferais plutôt hacher, broyer comme feu Régulus, que de vous abandonner, fi donc! mais tenez, j'ai toujours ouï dire qu'un verre de vin pris à propos, donnait d'excellentes idées.

MAD. BELHOMME. Au fait, il serait temps de réparer nos forces.

SAVIGNY. Eh bien, entrons dans cet auberge.

BELHOMME, *les arrêtant*. Permettez... je ne veux pas vous effrayer...

MAD. BELHOMME. Encore.

BELHOMME. Mais cette maison ne vous présentera que l'horrible perspective de soupers préparés pour les autres, tout est pris, accaparé...

MAD. BELHOMME. Pour le coup.

BELHOMME. Attends la conclusion! Prévoyant cette déroute générale dans les alimens, je me suis précautionné d'une petite cantine assez artistement garnie! le festin est préparé dans une obscure mansarde au fond de l'autre cour.

MAD. BELHOMME. Voilà la première chose raisonnable que tu aies dite.

BELHOMME. Et si monsieur le marquis veut nous faire l'honneur.

SAVIGNY. Ne parle donc pas d'honneur.

BELHOMME. C'est juste, l'appétit confond tous les rangs... vous acceptez?

SAVIGNY. De grand cœur.

BELHOMME. Vivat!

Ouvrant une petite porte à droite en avant des remises.

Au bout de cette allée, l'escalier à droite, cent quarante-deux marches, la porte en face...

Donnant une clé à sa femme.

Voici la clé.

MAD. BELHOMME. Et tout en mangeant un morceau, nous trouverons bien quelque moyen... Allons, Belhomme; passez donc, monsieur le marquis; mamzelle Cécile...

CÉCILE. Ah! je n'ai d'espoir qu'en vous.

Ils sortent par la porte à droite.

BELHOMME. Je vous suis! Un moment! (*Appelant.*) Paltoquet! Qu'on ne vienne pas nous déranger, j'ai une faim de Cyclope, et je ne serai pas fâché de poser à mon aise! (*Appelant encore.*) Paltoquet!

UN GARÇON D'AUBERGE. Major?

BELHOMME. Il est gentil, ce petit Astyanax en bonnet de coton... Ecoute, Ganimède champêtre, si quelque camarade me demandait, tu diras que je suis absent pour cause de service; je m'en vais prendre un peu de nourriture.

LE GARÇON. Suffit, major!

BELHOMME. Tu entends, pour cause de service; et pas de bêtises, ou je te donne vingt coups de ma canne à pomme d'argent.

Il sort par la petite porte à droit.

SCÈNE VII.

LE GARÇON, *puis* EUGÈNE *et* Une Ordonnance.

LE GARÇON, *seul*. Vingt coups de canne, il paraît que le règne de la liberté sera encore agréable.

On entend crier: Qui vive? — Du quartier-général.

Allons! les estafettes, les courriers qui se succèdent; ahais, en passe-t-il?

Eugène en uniforme d'aide-de-camp, couvert de poussière, paraît au fond avec une ordonnance.

EUGÈNE, *à l'ordonnance*. Conduis les chevaux au bout du village, je ne m'arrête ici que cinq minutes... J'ai fait un détour devant cette auberge... je n'ai que le temps de remettre à Belhomme... Ah! garçon...

LE GARÇON, *toujours sur l'escalier*. Ce n'est pas la peine, il n'y en a pas.

EUGÈNE. Quoi donc?

LE GARÇON. De place dans la maison.

EUGÈNE. Ce n'est pas cela que je te demande; le tambour-major Belhomme est-il là?

LE GARÇON, *à part*. V'là que ça commence... (*Haut.*) Du tout, il est absent.

EUGÈNE. Absent?

LE GARÇON. Pour cause de service!

EUGÈNE. Et pour long-temps?

LE GARÇON. Oh! quand il s'y met... de ce côté-là, il est esclave de ses devoirs.

EUGÈNE. Ah! diable, et ne peux-tu me dire?

On entend appeler dans la maison: Paltoquet!

LE GARÇON. Voilà! au numéro sept... (*A Eugène.*) Pardon, citoyen! le service! c'est un brave sans-culotte qui a demandé une omelette au sucre! On y va!

Il disparaît.

EUGÈNE, *seul*. Quel contre-temps, ne pas savoir si le marquis, si ma chère Cécile sont arrivés... ce Belhomme qui s'absente... il faut que je reparte, mes ordres sont tellement pressés... et je ne puis confier... ce papier...

SCÈNE VIII.

EUGÈNE *de côté*, PASCAL, *revenant par le jardin.*

PASCAL, *à part.* J'ai vu s'éloigner Belhomme, et je crois que... (*S'arrêtant et apercevant Eugène.*) Un officier.

EUGÈNE. Si parmi les voyageurs, je pouvais... Qui vient là ?

PASCAL, *à part.* M. Eugène.

EUGÈNE, *allant à lui.* Que vois-je ! Pascal ! le fils du brave et malheureux Germain.

PASCAL. Moi-même, capitaine... (*A part.*) Fâcheuse rencontre.

EUGÈNE. Et qui vous amène à l'armée ?

PASCAL. Moi... je suis venu... parce que... j'espérais... je voulais...

EUGÈNE. Je devine ! favoriser la fuite du marquis... veiller encore sur lui...

PASCAL, *étonné.* Le marquis. (*A part.*) Voyons-le venir.

EUGÈNE, *lui prenant la main.* Oui, vous avez voulu achever l'ouvrage... de votre digne père.

PASCAL. Mon père... ils m'en parleront tous.

EUGÈNE. Je vois que dans votre famille, le zèle, la noblesse des sentimens sont héréditaires... le dévouement de Germain fut admirable... et vous marchez sur ses traces !.. c'est bien Pascal. Les honnêtes gens vous tendront tous la main... Moi aussi, j'ai voulu vous seconder, j'ai tenté de découvrir le dénonciateur... l'infâme !.. je n'ai pu y réussir !.. mais j'y parviendrai peut-être !.. Dites-moi, le marquis n'est donc pas encore arrivé ?..

PASCAL. Le marquis doit venir ! (*Haut.*) Non, non, M. Eugène, pas encore...

EUGÈNE. Vous l'attendez ?

PASCAL. D'un instant à l'autre...

EUGÈNE. Vous avez vu Belhomme ?

PASCAL. Sans doute !..

EUGÈNE. Et il compte toujours sur ce laissez-passer ?.. pour M. de Savigny...

PASCAL. Un laissez-passer !..

EUGÈNE. Pour franchir la frontière..

PASCAL. Oui ! oui !..

EUGÈNE. Il est d'autant plus urgent qu'il s'en serve cette nuit... que demain toutes les communications seront fermées.

PASCAL O Dieux ! moi qui cherchais un moyen de fuir. (*Jetant un coup-d'œil sur la voiture.*) Dès que je me serai emparé. (*Haut.*) Eh bien, capitaine, ce laissez-passer...

EUGÈNE. Le voici. Je comptais le donner à Belhomme ; mais, puisqu'il est absent... et que vous voilà...

PASCAL. C'est absolument la même chose !..

EUGÈNE. J'aurais voulu attendre M. de Savigny.., mais impossible... je vais chercher les ordres de la Convention, à une lieue d'ici !.. Dites bien au marquis, qu'il faut qu'il adopte le costume que j'ai fait porter sur le signalement,.. il est censé aller en Suisse... acheter des chevaux pour le compte de la République... et...

PASCAL. Soyez tranquille... je n'oublierai rien...

EUGÈNE, *voulant sortir.* Adieu.

PASCAL. Hé ! mais ! j'y pense... si je pouvais. Pardon, capitaine... j'aurais à mon tour un petit service à vous demander ?

EUGÈNE. Si cela dépend de moi...

PASCAL. C'est une bagatelle !.. la berline qui vous a amenée... et que je viens de retrouver là... a été prise chez moi... en vertu d'une réquisition... vous savez comment on paye les réquisitions ?

EUGÈNE. Oui.

PASCAL. Cette voiture m'avait été commandée !.. je ne puis la remplacer... c'est une perte énorme pour moi... si vous y consentiez j'ai là votre reçu... je reprendrais...

EUGÈNE. Désolé, mon cher Pascal, mais cela m'est impossible...

PASCAL. Comment ?

EUGÈNE. Cette voiture appartient au gouvernement !.. elle vient d'ailleurs d'être désignée pour le service du nouveau général que l'on attend, et selon toute apparence elle partira demain.

PASCAL, *à part.* Demain !..

EUGÈNE. Mais une fois la campagne terminée je m'emploierai volontiers, et si je ne puis vous la faire rendre... je vous promets de vous dédommager personnellement.

PASCAL. Il faudra bien que je trouve un dédommagement.

EUGÈNE. Adieu, adieu !.. le temps me presse.

PASCAL. Adieu capitaine.

EUGÈNE. Je vous recommande mon laissez-passer.

PASCAL. Il est en bonnes mains...

SCÈNE IX.

PASCAL, *seul.*

Il me fournit les moyens de m'éloigner !

...mais que parlait-il de costume... Voyons, il fait encore assez jour... Le citoyen Durand... taille... yeux... c'est bien... ah !.. blouse bleue... chapeau rabattu... en effet, mais où trouver un pareil déguisement... ah ! le garçon d'écurie... courons auprès de lui... à force de promesses... de prières... il faudra bien que j'obtienne... et dès qu'il fera nuit... dès qu'ils reposeront tous, je pourrai revenir... et m'emparer enfin du prix de tant de sacrifices !.. on vient !.. sauvons-nous...

SCENE X.
SAVIGNY, CÉCILE, BELHOMME, MAD. BELHOMME.

BELHOMME. Je vous dis, citoyen Durand, que je n'en démordrai pas.

SAVIGNY. Mais mon cher Belhomme.

BELHOMME. Il n'y a pas de mon cher Belhomme qui tienne... je suis têtu comme un Spartiate, quand je m'y mets.

MAD. BELHOMME. Mon mari a raison, il vous faut une bonne nuit et à mamzelle Cécile aussi.

SAVIGNY. Cependant...

BELHOMME. Cependant... cependant... ce sera comme ça... il serait joli qu'après toutes vos fatigues, vous ne sussiez où reposer votre tête... comme un certain *OEdipe à Cologne*... du tout !.. du tout... je n'ai qu'une chambre... là, au n° 19. Avec un petit cabinet grand comme la main... la chambre pour ces deux dames, le cabinet pour vous... un matelas par terre, et voilà...

MAD. BELHOMME. A la guerre, comme à la guerre...

CÉCILE. Mais vous, M. Belhomme, où coucherez-vous?

BELHOMME. Oh ! moi, moi... je ne suis pas embarrassé.

SAVIGNY. Je ne puis consentir...

BELHOMME. Laissez donc... est-ce que je n'ai pas dix camarades, qui seront enchantés de m'offrir... (*A part.*) Si je sais où, par exemple, je veux bien que le... (*Haut.*) Allons, allons, citoyenne Belhomme, préparons les appartemens.

MAD. BELHOMME. Tout de suite... venez, cousine.

CÉCILE, *entraînée par elle.* Que vous êtes bons, et comment jamais nous acquitter...

BELHOMME, *leur criant de loin.* Et ne demandez pas de draps... j'ai idée qu'ils n'en ont jamais eu...

Les deux femmes disparaissent par un corridor.

SAVIGNY. Mon pauvre Belhomme.... quand cesserons-nous donc de vous être à charge.

BELHOMME. Chut, M. le marquis, il ne s'agit pas de cela ; mais pendant que mamzelle Cécile n'y est pas... comme je vous le disais tout à l'heure, nous ne pouvons plus compter sur ce laissez-passer, et il y aurait de la folie à attendre ce diable de représentant qui ne manquerait pas de vous dépister. On dit qu'il a des notes secrètes.

SAVIGNY. Comment faire !

BELHOMME. Vous allez dormir quelques heures, puis avant le jour vous partirez... seul... sans rien dire à votre chère enfant... qui ira vous rejoindre... dès que vous serez en sûreté... en longeant le bois qui s'étend à gauche du village, vous arriverez à un petit défilé entre deux bruyères, qui conduit sur les bords du Rhin, et que nos troupes n'occupent point encore. C'est un long détour... une marche difficile... mais une fois là, vous êtes sauvé... Vous trouverez un vieux batelier, un brave homme avec qui j'ai fait connaissance il y a huit jours. Il en a déjà sauvé plusieurs. Je lui en ai parlé hier au soir, et en me nommant...

MAD. BELHOMME, *sur l'escalier.* Allons, allons citoyen Durand... les chambres sont prêtes, et mamzelle Cécile tombe de sommeil.

BELHOMME. Voilà. (*bas.*) Est-ce convenu?

SAVIGNY, *bas.* Il n'y a pas à hésiter.

BELHOMME. Le petit bois.

SAVIGNY. A gauche du village.

BELHOMME. C'est ça.

SAVIGNY. Puis le défilé.

BELHOMME. Avant de me coucher, je vais m'assurer qu'il n'y a pas de garde avancée de ce côté-là.

SAVIGNY. Et si je ne vous revoyais pas, ma fille... mon ami... ma pauvre Cécile.

BELHOMME, *bas.* Soyez tranquille, M. le marquis, nous ne l'abandonnerons jamais.

MAD. BELHOMME. Ah ! ça voyons, Belhomme !.. vas-tu me faire rester là comme un candélabre.

SAVIGNY. Adieu, adieu !..

BELHOMME. Descendez par l'autre cour, elle est plus obscure. Bonne nuit citoyen Durand... et surtout soyez matinal.

MAD. BELHOMME. Bonsoir, notre homme.

BELHOMME. Bonsoir, ma petite femme.

MAD. BELHOMME. Dis donc ?

BELHOMME. Hein ?

MAD. BELHOMME. C'est taquinant tout de même, après quinze jours d'absence...

BELHOMME. Ah dam !.. le métier des ar-

mes n'est pas semé de roses ! et de duvet.
MAD. BELHOMME. Où vas-tu coucher ?
BELHOMME. Ne sois pas inquiète... je ne ferai qu'un somme...
MAD. BELHOMME. Allons... à demain, l'ami.
BELHOMME. Bonsoir, ma poule.

SCÈNE XI.
BELHOMME, seul.

Je ne ferai qu'un somme, je ne ferai qu'un somme... je veux mourir, par exemple si je sais où... tout est encombré, et je suis brisé... moulu ! l'Apollon a une courbature générale dans toutes les proportions... avec ça que la nuit menace d'être fraîche... où diable me nicherai-je ? je puis choisir entre l'écurie et le grenier, l'écurie, c'est un peu frais, le grenier c'est un peu chaud !.. Oh ! quelle idée, véritable idée d'artiste. Il n'y a que nous autres pour savoir se tirer d'embarras. (Il va pour soulever le rideau.) Mais un moment, Belhomme. . le devoir avant tout ! faisons d'abord ma ronde... et assurons-nous qu'il n'y a pas de sentinelles sur le passage du marquis... je ne dormirais pas tranquille... si je croyais que le pauvre homme ! après ça... je reviendrai me plonger dans le sein d'*Orphée*... justement, les écuries communiquent et en rentrant par la basse-cour... je ne réveillerai personne. Bonne nuit, mes chérubins... je serai mieux couché que vous tous !

SCÈNE XII.
PASCAL, seul.

J'en suis venu à bout ! ce n'est pas sans peine ! le costume tromperait les regards les plus soupçonneux... maintenant, la nuit est close... tout le monde dort ! les diamans sont à droite... et l'or, pourrai-je tout emporter... Oh ! oui... mes forces ne me trahiront pas... (*S'arrêtant.*) Hein ! j'ai cru entendre... non... voyons, cependant si personne... (*Il va écouter au pied de l'escalier.*) Tout repose, et du côté du jardin, j'y ai aperçu dans le jour des ouvriers... et il serait possible...

SCÈNE XIII.
EUGENE, *enveloppé dans son manteau*, puis PASCAL.

EUGÈNE, *entrant par le fond.* C'était bien la peine de crever les chevaux, à une demi-lieue d'ici, une ordonnance m'annonc qu'el'envoyé de la Convention m'a croisé. que c'est à l'auberge des Quatre-Routes qu'il me remettra les ordres pour le gé néral... il m'est enjoint de m'y trouver se à la nuit ! dans la grande cour, un pare mystère ? en tout cas... m'y voici... atten dons avec patience.

PASCAL, *revenant.* Personne ! je puis e fin... que vois-je ? (*Il s'arrête.*) Un homn qui se promène devant la remise... aurai on placé une sentinelle ? il n'y en avait p tout-à-l'heure...

EUGÈNE. Tout le monde est couché... je ne puis m'informer si le marquis a e fin le laissez-passer que j'ai remis à Pasc

PASCAL. Malédiction ! c'est notre jeu officier... qu'est-ce qu'il fait là ?

EUGÈNE. Cécile est peut-être près moi...

PASCAL, *à part.* Est-ce qu'il va pass la nuit ici... et je suis sans armes...

EUGÈNE J'entends des pas dans l'élo gnement, ce large manteau... ce doit êt lui...

SCÈNE XIV.
Les Mêmes, LE REPRÉSENTANT I PEUPLE.

Il est enveloppé dans son manteau ; il s'ava avec précaution.—Musique.

LE REPRÉSENTANT. Un homme seu c'est cela... (*à Eugène.*) Personne !

EUGÈNE. Non !

LE REPRÉSENTANT, *à mi-voix.* L'aid de-camp de Desaix ?

EUGÈNE. Oui, citoyen, et vous...

LE REPRÉSENTANT. Le Représentant lu même.

PASCAL, *à part.* Le Représentant...

LE REPRÉSENTANT, *bas.* Chut ! que l' ignore... je viens surveiller les opératio de l'armée... son sort dépend de la journ de demain... elle va perdre ou sauver république ; mais je ne puis me rend auprès du général... il faut que je hâte marche des volontaires qui accourent tous les points de la France, et je vais dicter les dispositions que Desaix et M chaud prendront cette nuit même et q ont été arrêtées par Carnot dans le com de la guerre... As-tu ce qu'il faut po écrire ?

EUGÈNE. Oui, citoyen...

LE REPRÉSENTANT. Où pourrions no nous mettre...

EUGÈNE. Je vais demander une char bre... réveiller.

LE REPRÉSENTANT. Non, non... personne ; il n'y a déjà que trop d'espions attachés à nos pas ! Là ! sous ce hangar. Cette lanterne nous suffira.. suis-moi...

PASCAL, *reparaissant et à part.* Impossible ! tant qu'ils seront là ! au moindre bruit, ils m'apercevraient, d'ailleurs ce mystère m'inquiète malgré moi... et si je pouvais à travers les fentes de cette cloison ! il me serait facile, sans être vu...

LE REPRÉSENTANT. Voici d'abord les ordres pour les différens corps... le plan de l'attaque et des mouvemens sur toute la ligne. Ajoute ici, pour l'aile gauche... les volontaires du Puy-de-Dôme et du Cantal... quinze cents hommes qui rejoindront à la pointe du jour.

EUGÈNE, *écrivant.* C'est d'autant mieux que la gauche est affaiblie par les secours que l'on a fait marcher sur Mayence...

LE REPRÉSENTANT. Ecris ! trois mille hommes jetés de l'autre côté du Rhin, occuperont Wurmser et Brunswick, tandis que Desaix avec sa brigade, se repliera sur la droite pour les laisser s'avancer et les couper ensuite...

EUGÈNE. C'est facile...

LE REPRÉSENTANT. Le parc d'artillerie au centre.... la réserve gardera les lignes de Wissembourg... on y ajoutera les fédérés de Nantes... les volontaires des Vosges... nos bras et notre patriotisme feront le reste....

EUGÈNE Ah ! nous mourrons tous à notre poste ! plutôt que de souffrir ! (*Regardant le papier.*) Mais grand Dieu ! qui défendra donc le défilé de Brodenthal...

LE REPRÉSENTANT. Le défilé ?

EUGÈNE, *avec feu.* C'est le point essentiel... si l'ennemi savait qu'il n'est point occupé ; il peut en tournant le bois qui le masque, s'en emparer et l'armée Française est perdue...

LE REPRÉSENTANT, *vivement.* Sur ta tête, pas un mot... nous ne le savons que trop... le corps d'armée qui devait l'occuper est en retard... j'ignore quel contretemps... je vais presser moi-même la marche des garnisons voisines, des levées que j'ai ordonnées ; mais pas un mot te dis-je... les Autrichiens paieraient au poids de l'or un semblable secret...

PASCAL. Il serait vrai...

LE REPRÉSENTANT. Un moment...

EUGÈNE. Quoi donc ?

LE REPRÉSENTANT. N'as-tu pas entendu ?.. nous ne sommes pas seuls.

Il sort du hangar.

EUGÈNE. Vous croyez ?

LE REPRÉSENTANT. Avais-je tort...

EUGÈNE. Un valet d'écurie.

LE REPRÉSENTANT, *à voix basse.* Qui sait !.. tous les déguisemens sont bons... était-il là, quand nous sommes arrivés...

EUGÈNE. Je ne sais... je n'ai pas fait attention.

LE REPRÉSENTANT. En tous cas, malheur à lui, s'il nous a entendus.

EUGÈNE. Il dort.

LE REPRÉSENTANT. C'est ce que nous saurons...

EUGÈNE, *inquiet.* Que voulez-vous faire ?

LE REPRÉSENTANT. Silence !.. Au moindre mouvement, je lui fais sauter la cervelle !..

EUGÈNE. Ce chapeau... cette blouse bleue... le costume porté sur le laissez-passer... grand Dieu !.. si c'était le marquis. Eh bien !

LE REPRÉSENTANT. Pas un signe !

EUGÈNE, *avec joie.* Ah !..

LE REPRÉSENTANT. Mais dans le doute.. je crois qu'il est plus prudent...

Il lui pose le pistolet sur le front.

EUGÈNE. Ciel ! y pensez-vous ?.. la vie d'un homme sans nécessité...

LE REPRÉSENTANT. Si l'intérêt de la patrie l'exige...

EUGÈNE. Jamais ! une pareille barbarie ! vous voyez qu'il ne bouge pas ?.. ainsi tous vos soupçons.

LE REPRÉSENTANT. C'est vrai... allons ! le coquin est heureux d'avoir le sommeil aussi dur...

EUGÈNE. Venez, venez... laissons ce malheureux... les momens sont chers,... et c'est trahir la France, que de ne pas les consacrer tous à son salut ! *Ils sortent.*

SCÈNE XV.
PASCAL, *seul.*

J'ai cru que tout était fini... je sens encore sur mon front, le froid de son pistolet... je ne pouvais me défendre que par l'impassibilité la plus profonde ! l'instinct m'a sauvé. Le défilé de Bodenthal... si l'ennemi le savait,... au poids de l'or !.. que m'importe !.. ma fortune à moi elle est là !.. là... je puis enfin disparaître avec elle. Ne perdons pas une minute. (*Il veut ouvrir la portière.*) Pourquoi donc cette résistance... et qui peut s'opposer... ah !.. le verrou en dedans.

Il veut passer son bras par la portière.

BELHOMME, *dans la voiture.* Qui est là ?

PASCAL, *reculant.* Ciel !.. quelqu'un !

BELHOMME, *dans la voiture.* Qui est là ? entrez !.. c'est unique qu'on ne puisse pas dormir un moment tranquille...

PASCAL, *à part.* C'est la voix de Belhomme... mort et furies... je le trouverai donc toujours sur mon chemin.

BELHOMME. Qui est-ce donc qui remue ma chambre à coucher?.. qui est là?.. qu'est-ce que vous voulez?

PASCAL, *à part.* Et rien... rien pour le forcer au silence... cette fortune m'échapperait encore... et par lui!

BELHOMME. J'entends chuchotter près de mon appartement... ça m'est suspect!.. heureusement que j'ai là de quoi leur apprendre à parler.

PASCAL. Eh bien... puisque vous me réduisez au désespoir... ce laissez-passer, ces richesses que la France me refuse... l'étranger me les donnera... et j'aurai le plaisir d'écraser tous ceux que je hais...

BELHOMME, *à la portière.* Qui vive?.. un homme qui s'éloigne... un Autrichien peut-être... tu ne réponds pas... qui ne dit mot consent. Il lui lache un coup de pistolet. Ah! le scélérat comme il court.

Au bruit du pistolet on entend un murmure confus derrière le théâtre; puis les cris : *Alerte, aux armes.* — Les tambours qui se répondent, puis enfin tout le monde qui paraît aux fenêtres de l'auberge.

SCÈNE XVI.

BELHOMME, SAVIGNY, *puis* CECILE, MAD. BELHOMME, les Gens de l'auberge, LETOURNEAU, Soldats.

BELHOMME. C'est vous, M. le marquis?

SAVIGNY, *bas.* J'allais gagner la lisière du bois... lorsqu'un coup de feu a jeté l'alarme dans le camp... les soldats courent, se croisent.

BELHOMME, *désolé.* Et c'est moi qui l'ai tiré... je ne fais que des bêtises.

TOUS. Qu'est-ce que c'est?
LETOURNEAU. Un coup de feu.
CÉCILE. Mon père... où est-il?
Elle court à lui.
MAD. BELHOMME, *sur l'escalier.* Mon pauvre Belhomme, tu es blessé.
BELHOMME. Au contraire.
LETOURNEAU. Faut-il battre la générale, Major.
BELHOMME. Du tout, c'était un maraudeur, un Autrichien.
TOUS. Un Autrichien!
BELHOMME. J'en suis sûr... je ne l'ai vu que par derrière... il s'était caché près de ma chambre à coucher... pour me dévaliser... pour voler la voiture du capitaine Leclerc.
SAVIGNY. Que dites-vous... cette voiture... elle est au capitaine Eugène.
BELHOMME. Certainement... il l'a achetée avant de quitter Paris.
SAVIGNY. Juste ciel!
CÉCILE, *à part.* Quel trouble!.. qu'avez-vous donc, mon père?
SAVIGNY, *à part.* Cécile... mon enfant!.. cette berline, la reconnais-tu?
CÉCILE, *bas.* C'est la vôtre... celle dans laquelle vous aviez renfermé votre fortune..
SAVIGNY, *bas.* Maintenant... elle appartient à Eugène.
CÉCILE. Que dites-vous?
SAVIGNY. Eh bien! Cécile!.. qui m'a trahi... qui m'a livré?
CÉCILE. Ah!.. je ne veux plus prononcer son nom... c'en est fait, son souvenir est effacé pour jamais de mon cœur.
VOIX NOMBREUSES. Le Représentant du peuple, le Représentant du peuple.
BELHOMME. Il est arrivé!..
SAVIGNY, *bas.* Le Représentant.
BELHOMME. Silence!

ACTE CINQUIÈME.

Le théâtre représente l'extrémité du camp français avec la fortification en terre, la batterie avancée. A droite du spectateur, des caissons, des charriots avec tout ce qui concerne le désordre d'un bivouac. A gauche, l'entrée principale, et des sentinelles sur les hauteurs. Le jour commence à se lever.

SCÈNE I.

PASCAL, LETOURNEAU, SENTINELLE

LA SENTINELLE. Au large!..
PASCAL. Puisque je vous dis que j'ai un laissez-passer du général.
LA SENTINELLE, *montrant Letourneau qui est assis sur son tambour.* Tapin.
LETOURNEAU. Qu'est-ce que c'est...
LA SENTINELLE. Un pékin qui veut rentrer z'au camp.
LETOURNEAU. Je vas chercher le capitaine Et ne bougeons pas de là, l'amour, *(montrant la sentinelle)* où nous ferions connaissance avec la clarinette du camarade.

SCÈNE II.

PASCAL, *assis;* SENTINELLES, *au fond.*

PASCAL. Je suis presque fâché d'être revenu sur mes pas... mais il le fallait! Outre la récompense promise... qui doit m'être comptée ici, aussitôt après la victoire!. il est nécessaire que je veille sur la part du butin qui m'a été accordée... je n'ai demandé qu'une seule chose... une voiture qui m'appartenait, et dont un général français s'est emparé!.. on n'y a pas attaché la moindre importance!.. et cette fois, elle ne peut m'échapper... car la victoire est sûre!.. deux sources de richesses!.. deux fortunes immenses... La fortune!.. enfin m'y voilà parvenu!.. que je sache seulement ce qu'est devenue cette berline... et je serai là devant elle... pour qu'au milieu du désordre du combat... personne ne porte la main. Un officier... Silence!..

SCÈNE III.

Les Mêmes. LUCEVAL, LETOURNEAU, SOLDATS *au fond*.

LETOURNEAU, *montrant Pascal à Luceval.* Voici l'individu!..

LUCEVAL. Vous voulez rentrer au camp!

PASCAL. Oui, citoyen.

LUCEVAL. Vous venez...

PASCAL. D'Offenbach!.. pour achat de chevaux...

LUCEVAL. Votre laissez-passer...
Pascal lui remet un papier.
Parfaitement en règle!.. et vous pouvez... Je ne me trompe pas! ces traits?.. c'est lui!

PASCAL, *à part.* Qu'a-t-il donc à me regarder ainsi?..

LUCEVAL. J'étais sûr de ne jamais oublier cette physionomie...

PASCAL. Ah!.. cet examen me fatigue... Citoyen, vous voyez que j'attends...

LUCEVAL. Un moment! que venez-vous faire ici?

PASCAL, *étonné*. Comment?..

LUCEVAL. Ce n'est pas votre place.

PASCAL. Pourquoi?

LUCEVAL. Parce qu'à l'armée, on fusille les traîtres...

PASCAL, *troublé*. Citoyen, je ne sais... je ne vous connais pas...

LUCEVAL. Moi, malheureusement... j'ai ce triste avantage.

PASCAL. Vous vous trompez!..

LUCEVAL. Non pas...

PASCAL. Vous ne m'avez jamais vu.

LUCEVAL, *lui saisissant le bras.* Jamais...

PASCAL, *troublé*. Citoyen!..

LUCEVAL. Plus bas!.. plus bas, misérable!.. (*Courant à son porte-feuille.*) Je ne t'ai jamais vu!.. (*Tirant un dessin.*) Tiens, regarde!..

PASCAL. Ah!..

LUCEVAL. Quel est cet homme?.. ne baisse pas les yeux... quel est cet homme qui, devant le comité révolutionnaire, vient lâchement dénoncer le marquis de Savigny, au moment où il allait se soustraire à la mort! qui le livre à ses ennemis, à ses bourreaux!.. quel est-il?.. réponds! Ce n'est pas toi, infâme.

PASCAL. O tourmens de l'enfer!.. mon secret est connu... il existe quelqu'un qui peut se jouer de mon repos, de ma vie!.. Capitaine... si vous saviez...

LUCEVAL. Je ne veux rien savoir...

PASCAL. Promettez-moi du moins...

LUCEVAL. Arrière! ne me touche pas!.. Je me croirais déshonoré, si ta main avait touché la mienne.

PASCAL. Par pitié...

LUCEVAL. Arrière, arrière, te dis-je... va-t-en. Si tu veux que je me taise, évite ma présence, ne parais jamais devant moi, ou je jure Dieu que je dévoile ton crime... que je te livre à ces braves soldats qui sauront te faire bonne et prompte justice!.. va-t-en!... va-t-en!

PASCAL. Et je ne puis châtier cet outrage! Mais patience! ton heure va venir... à toi aussi!.. le canon autrichien me vengera... ou s'il t'épargne... ton sort n'en sera que plus affreux... le général ennemi a juré de ne rien me refuser... Eh bien, il me faut encore la vie de cet homme... il me la faut... il a mon secret... et j'étoufferai la seule voix qui puisse m'accuser?..
Il sort à droite.

SCÈNE IV.

LUCEVAL, LETOURNEAU, OFFICIERS *et* SOLDATS.

LUCEVAL. Comment le général accorde-t-il des laissez-passer à un misérable de cette espèce? Il arrive du camp ennemi... ah! je comprends le rôle qu'il joue ici... c'est juste! l'emploi est digne de lui...
Eh bien, lieutenant, quels sont ces cavaliers qui galoppent sur la rive gauche?

UN OFFICIER. Un escadron de hulans, je crois!

LUCEVAL. Ah! ah!.. une avant-garde du prince Charles! Voyons un peu...
Il prend la lunette et regarde d'une hauteur.

SCÈNE V.

Les Mêmes, SAVIGNY.

SAVIGNY, *à part*. Impossible de sortir du camp. Je me suis vainement présenté à toutes les issues!.. les consignes les plus sévères!.. à quoi m'aura servi d'échapper à ce terrible Représentant... d'avoir fui presque sous ses yeux... caché dans le fond d'un charriot, grâce au sang-froid... à la présence d'esprit de ce pauvre Belhomme, qui est en avant maintenant, et qui ne peut plus me protéger.

LUCEVAL. Non!.. c'est de la cavalerie légère!.. voyez, ils se dispersent dans la

L'OFFICIER. Pour éclairer la marche d'un corps d'armée peut-être...

SAVIGNY, *à part.* Attendons! un engagement paraît inévitable... au milieu du tumulte de la bataille je pourrai peut-être m'échapper. Ah! malgré le danger de ma position... Dieu sait pour qui je forme des vœux... un cœur français ne peut se démentir... et l'aspect de ces uniformes étrangers fait bouillonner mon sang!..

LUCEVAL, *au fond.* Qu'est-ce que cela?..

L'OFFICIER. Le canon.

LUCEVAL. Non!.. nous n'avons pas de troupes dans cette direction...

SAVIGNY. Pardonnez-moi citoyen, c'est le canon; on ne peut s'y tromper. C'est à trois lieues d'ici.

LUCEVAL. Peste, mon brave!.. une oreille exercée! Quelle peut être la cause?

SAVIGNY. Probablement la division Marceau qui a passé le Rhin, pour surprendre Wurmser, et qui, trompé par une contre-marche, revient en toute hâte pour couvrir les lignes de Wissembourg.

LUCEVAL. Vous croyez!

SAVIGNY. S'il en est ainsi, l'ennemi cherchera à le devancer, et voudra jeter un pont.

L'OFFICIER. En effet, un corps de pontonniers s'approche des bords du Rhin.

LUCEVAL, *vivement.* Sur quel point?

SAVIGNY. S'ils savent leur affaire, il n'y a qu'un endroit favorable, vis-à-vis le moulin d'Oberfeld, au-dessus des trois îles.

LUCEVAL, *regardant toujours.* Oui, vraiment, c'est là qu'ils se dirigent. C'est singulier cet homme devine. Courez prévenir le commandant.

SAVIGNY. C'est inutile!.. vous n'arriverez pas à temps.

LUCEVAL. Mais...

SAVIGNY. D'ailleurs le général Jourdan est trop habile pour n'avoir pas prévu cette tentative... il aura placé des tirailleurs dans les bouquets de bois qui entourent le moulin, et d'un moment à l'autre...

On entend la mousqueterie.

Qu'est-ce que je vous disais?

LUCEVAL. Oui, ma foi, un feu soutenu... les pontonniers se replient, ils lâchent pied et se retirent en désordre. Courez trouver le chef de bataillon, là, sur cette hauteur, et sachez s'il a reçu des ordres. Vous me préviendrez. Parbleu, citoyen, vous avez une connaissance du pays...

SAVIGNY. Je l'ai tant de fois parcouru dans ma jeunesse, il n'y a pas une sinuosité du fleuve que je n'aie mesurée, pas un village dont je ne sache le nom, la position.

LUCEVAL. Et ce coup d'œil rapide!.. cette expérience... vous avez servi?

SAVIGNY. Oui, oui! ce fut le plus beau, le plus glorieux temps de ma vie... là-bas, ce plateau qui domine la plaine; c'est là que j'ai reçu mon premier coup de feu... plus loin, sur cette chaussée... c'est là qu'à la tête de mon régiment de dragons j'ai culbuté les hussards de la mort.

LUCEVAL. Votre régiment?..

SAVIGNY, *troublé.* Non... je voulais dire... j'étais alors...

LUCEVAL, *vivement.* Je ne vous demande pas votre secret...

SAVIGNY. Et moi... je n'hésiterais pas à le confier à votre loyauté... car quelque chose me dit que si vous pouviez me servir, vous le feriez avec joie.

LUCEVAL. Vous avez raison... les enfans de Paris ont vu le malheur de trop près pour n'y pas compatir!.. et puis, j'ai promis d'aider un malheureux... que je ne verrai peut-être jamais... et en secourir un autre, ce serait toujours tenir ma parole à ce brave Belhomme!..

SAVIGNY. Belhomme!.. le tambour major?...

LUCEVAL. En me quittant hier, à l'auberge des Quatre-Routes, il m'avait demandé mon appui pour un pauvre émigré.

SAVIGNY, *vivement.* Son nom?..

LUCEVAL. Le citoyen Durand!...

SAVIGNY, *avec joie.* C'est-à-dire le marquis de Savigny...

LUCEVAL. Le marquis... vous savez?

SAVIGNY. C'est moi!..

LUCEVAL. Vous?..

SAVIGNY. Oui... moi! condamné, sauvé par miracle, par le dévouement sublime d'un bon et digne serviteur... qui a marché à ma place.

LUCEVAL, *vivement.* Je l'ai vu, j'en suis sûr!.. oui, ce noble vieillard... au Luxembourg... était seul capable!...

SAVIGNY. Vous avez connu mon pauvre Germain.

LUCEVAL. Oui!.. et je connais aussi le lâche qui vous a dénoncé...

SAVIGNY. Que dites-vous?

LUCEVAL. J'en rougis pour nous, monsieur le marquis!.. mais l'infâme est ici... dans nos rangs... le croirez-vous? il est employé dans l'armée.

SAVIGNY. Il y a long-temps que je le soupçonnais... ce que vous me dites ne me laisse aucun doute.

LUCEVAL. Il faut même redoubler de précautions, car s'il vous découvrait!.. voyons, monsieur le marquis, que puis-je faire pour vous. Rien ne me coûtera pour

assurer votre fuite!.. quel est votre projet?
SAVIGNY. De gagner l'autre bord du Rhin... de rejoindre mes frères... Pouvez-vous obtenir qu'on me laisse sortir?
LUCEVAL. En ce moment... le tenter serait une imprudence... ces sentinelles ne sont pas de mon bataillon!.. mais dans cinq minutes elles seront remplacées par mes soldats, et alors je vous promets...
SAVIGNY, *avec joie*. Il serait possible!
UN OFFICIER. Capitaine! hé vite... à la tête de votre compagnie; elle vient de recevoir l'ordre de marcher en avant.
LUCEVAL, *à Savigny*. O ciel! il faut partir!.. Et je ne pourrai pas vous être utile.
SAVIGNY. Je ne vous en remercie pas moins.
LUCEVAL. Cependant.
SAVIGNY. Allez, allez monsieur!.. qu'importe la vie d'un homme... quand il s'agit de la France.
LUCEVAL. Impossible d'hésiter... adieu. L'infortuné que va-t-il devenir?

SCÈNE VI.
SAVIGNY, *seul*.

Encore une espérance trompée... et le Représentant du peuple ne doute plus de mon existence... j'en suis certain... les mesures qu'il avait prises... les recherches qu'il avait ordonnées... s'il revient après le combat... c'est fait de moi!.. et ma fille, ma pauvre Cécile, qui me croit sans doute à l'abri de tout danger.

SCÈNE VII.
SAVIGNY, *absorbé*, PASCAL, *se montrant du côté opposé*, Sentinelles *sur les hauteurs*.

PASCAL. Le combat s'engage au loin... à peine je respire, d'impatience et de crainte... ils ont suivi mes instructions... et à la direction du bruit...
SAVIGNY. Ils ont attaqué sur un autre point.
PASCAL. Le succès est certain. Mais je n'ai pu découvrir cette malheureuse voiture... j'ai vainement parcouru le camp, interrogé tout le monde. (*Voyant Savigny*.) Ah! un homme des charrois... il pourra peut-être m'instruire. Camarade!
SAVIGNY. Que voulez-vous?
PASCAL. Dieu!.. c'est lui!.. c'est bien lui... je me meurs.
SAVIGNY. Pascal!.. le fils de mon pauvre Germain je te retrouve! je te revois enfin.
PASCAL. Oh! quelle épreuve!
SAVIGNY. Après tant de malheurs!.. tant de larmes!.. mon ami. Pourquoi détournes-tu la tête?.. pourquoi repousses-tu mes embrassemens?.. ah! je devine... tu ne peux oublier que c'est moi qui te coûte ton père... que c'est pour moi qu'il a porté sa tête!..
PASCAL. M. le marquis.
SAVIGNY. Ah! le ciel m'est témoin, qu'au prix de tout mon sang, j'aurais voulu te le rendre!.. dans mon cœur du moins... je t'avais adopté... Oui, je te regardais comme mon fils... et ces richesses que j'espérais sauver, étaient à toi, comme à Cécile.
PASCAL. Ces richesses!
SAVIGNY. Le sort m'a ravi jusqu'à cette dernière consolation! un traître m'a enlevé les débris de fortune que nous avions cachés ensemble.
PASCAL, *balbutiant*. Quoi! vous pensez.
SAVIGNY. J'en ai la preuve... le lâche qui m'a dénoncé.
PASCAL. On ignore qui?
SAVIGNY. Je le sais moi!
PASCAL, *troublé*. Vous?
SAVIGNY. Il est ici!
PASCAL, *à part*. Je me soutiens à peine.
SAVIGNY. C'est un homme que j'ai comblé de bienfaits... tu frémis, tu ne peux concevoir un tel excès d'ingratitude... en un mot... c'est Eugène.
PASCAL. Eugène!
SAVIGNY. Lui-même.
PASCAL. Et qui a pu vous faire penser?
SAVIGNY. Cette voiture qu'il a eu l'audace d'acheter...
PASCAL. Cette voiture!
SAVIGNY. Elle est à lui, je l'ai vue, je viens de la voir encore, il n'y a qu'un instant.
PASCAL. Vous l'avez vue... et où donc?
SAVIGNY. Ici près, au quartier du commandant, avec les équipages de l'état-major.
PASCAL. Ah! je l'ai retrouvée... mais le marquis... il faut que je l'éloigne... s'il reste, il peut tout voir, tout apprendre!
SAVIGNY. Tu es indigné d'une pareille trahison.
PASCAL. Il n'en profitera pas! vous serez vengé.
SAVIGNY. Que dis-tu?
PASCAL. Je ne vous ai suivi que pour punir, pour écraser à la fois tous vos persécuteurs. Tenez, écoutez, dans un instant l'ennemi sera maître de ces positions.
SAVIGNY. Comment?
PASCAL. Le hasard avait mis en mon pouvoir le plan de cette journée... les secrets de la Convention... cette nuit même, j'ai vu le prince Charles, ses généraux, j'ai tout révélé.
SAVIGNY. Malheureux, qu'as-tu fait?

PASCAL. Ils craignaient de se fier à ma parole; mais je vous ai nommé...
SAVIGNY. Moi!
PASCAL. J'ai dit que j'étais envoyé par par vous... par vous-même!
SAVIGNY. O ciel!
PASCAL. Votre rang, vos opinions connues, n'ont laissé aucun doute; ils n'ont plus hésité, et dans une heure tous vos ennemis auront cessé de vivre.
SAVIGNY. Dieu!.. et c'est en mon nom!
PASCAL. Mais vous avez tout à craindre de la fureur du soldat... mettez vos jours en sûreté; fuyez, croyez-moi...
SAVIGNY. Fuir! après ce que tu viens de m'apprendre...
PASCAL. Courez rejoindre vos frères d'armes, qui vous tendent les bras... L'instant est favorable... tenez, cette issue est libre... et en gagnant le bois de Warden...
SAVIGNY. En effet! que se passe-t-il donc?
PASCAL. C'est l'ennemi qui approche... fuyez! fuyez! vous, dis-je? Et nous courons ressaisir notre proie...

SCÈNE VIII.

SAVIGNY, *seul et regardant à gauche.*

Quel désordre! Ah! malheureux Pascal, ton zèle t'a égaré. Et c'est en mon nom qu'ils ont été trahis! fuir... je le pourrais maintenant; mais quand ils sont menacés.. jamais... Brave jeunesse! cœurs nobles et généreux... pour prix de l'hospitalité que j'ai trouvée dans vos rangs... je ne vous apporterais que la honte et la mort... c'est moi, que vous accuseriez, et je ne pourrais vous prouver. Ah! un fusil... des cartouches, je puis mourir à côté d'eux, c'est la seule manière dont un soldat se justifie.

SCÈNE IX.

SAVIGNY, LUCEVAL, *l'épée à la main.*
Quelques Officiers *en désordre accourant.*

LUCEVAL. Trahison! trahison! (*Aux officiers.*) Courez! tous ceux qui peuvent prendre les armes... que nous mourrions du moins avec honneur...
SAVIGNY. Qu'y a-t-il donc?
LUCEVAL. Nous avons été trahis, vendus... une colonne autrichienne, prévenue sans doute du peu de résistance quelle trouverait de ce côté... a passé le Rhin au-dessus d'Ottwiller... avant une heure, quinze mille hommes auront coupé toutes communications avec le général Desaix!.. notre colonel, le chef de bataillon... viennent d'être tués... les deux plus anciens capitaines sont hors de combat.

SAVIGNY. Combien vous reste-t-il de monde?
LUCEVAL. Trois cents hommes tout au plus... c'est moi maintenant qui les commande; mais hélas! je n'ai que du courage... je ne puis que mourir à leur tête.
Monsieur, monsieur, vous avez de l'expérience... vous avez servi... vengez-vous d'une ingrate patrie en la défendant, en sauvant ses enfans...
SAVIGNY, *lui montrant son fusil.* J'avais déjà résolu de mourir pour elle!
LUCEVAL. Eh bien, changeons! Et soyez notre chef!
SAVIGNY. Moi!..

SCÈNE X.

Les Mêmes, BELHOMME, L'ETOURNEAU, Soldats, *accourant en désordre.*

TOUS. Trahison! sauve qui peut!
LUCEVAL. Arrêtez!
SAVIGNY. Soldats! que faites-vous?
LETOURNEAU. Impossible de tenir.
BELHOMME. Nous sommes cernés.
LETOURNEAU. Livrés!
BELHOMME. Il faut fuir, ou battre la chamade...
TOUS. Fuyons...
LUCEVAL, *les arrêtant.* Mes amis!
SAVIGNY. Arrêtez! qui de vous abandonnera le drapeau que la France lui a confié.
BELHOMME. Nous n'avons plus de chef.
LUCEVAL, *montrant Savigny.* En voici!
BELHOMME, *le reconnaissant.* Lui!
SAVIGNY. Soldats! voulez-vous pour commandant l'ex-marquis de Savigny... le condamné à mort... l'ancien colonel des dragons de la reine? le voulez-vous?
BELHOMME. Vous combattriez dans nos rangs; vous défendriez le drapeau tricolore?
SAVIGNY. Qu'importe sa couleur; c'est celui de mon pays... avant de servir un roi, j'appartiens à la France! si vous me voyez hésiter, le quitter. D'un seul pas... tuez-moi, je vous le permets...
TOUS. Vive notre commandant...
SAVIGNY. Non! vive la France! c'est elle qu'il faut sauver, et j'en réponds, si vous m'obéissez! de cette position dépend le sort de la journée... si l'ennemi ne trouve ici aucune résistance... le sol français est envahi! Il ne faut qu'une heure pour changer le destin des batailles... une heure, soldats! une heure! je la demande à votre amour pour votre pays!..
BELHOMME. Ordonnez... nous sommes prêts...
TOUS. Nous mourrons tous à cette place.

SAVIGNY. Qu'est-ce donc?
LUCEVAL. Un aide-de-camp qui accourait bride abattue, son cheval est tombé à vingt pas des retranchemens... criblé de balles! mais l'officier n'est pas blessé; il se dégage, il se relève le voici...

SCÈNE XI.
Les Mêmes, EUGÈNE.

EUGÈNE. Vîte un autre cheval! le premier venu celui d'un caisson... d'un chariot! que je retourne sur-le-champ... Mes amis j'ai traversé le feu ennemi pour vous apporter les paroles du brave Desaix; il connaît votre petit nombre; mais il connaît aussi votre courage, et c'est sur lui qu'il compte...

SAVIGNY. Eugène!

EUGÈNE. La division Marceau a passé le Rhin... elle accourt et renverse tout pour arriver jusqu'à vous! il faut tenir une demi-heure, une demi-heure, mes amis.

SAVIGNY, *noblement* Ils m'ont déjà promis davantage! dites au général que mes braves camarades, et moi, nous avons juré d'arrêter là l'ennemi... s'il passe, c'est que nous serons tous morts.

TOUS, *le bras tendu*. Oui, tous!

EUGÈNE. Que vois-je? grand Dieu! Vous! vous ici!

SAVIGNY. Vous ne m'y attendiez pas.

EUGÈNE. Non, sans doute, et ma joie...

SAVIGNY. Il suffit; vous avez rempli votre mission, vous pouvez vous retirer.

EUGÈNE. Quel accueil, et que signifie?

SAVIGNY. Vous osez le demander... j'ai écouté l'aide-de-camp du général dans toute autre circonstance, je n'eusse point entendu un seul mot de la bouche d'un traître, d'un perfide.

EUGÈNE. Monsieur, si tout autre que vous.

SAVIGNY, *froidement*. Je sais tout, et si nous survivons à cette journée, gardez-vous de jamais affronter mes regards.

EUGÈNE. O ciel! on m'a calomnié, monsieur le marquis, au nom de ce que vous avez de plus cher, vous ne pouvez refuser de m'expliquer...

SAVIGNY. Allez, monsieur, allez, et s'il vous reste une étincelle d'honneur, tâchez au moins de ne pas trahir la France!

EUGÈNE. Ah! ce dernier coup trouble ma raison, c'est mon amour pour sa fille... oui, son orgueil s'est révolté... Je n'ai plus qu'à mourir sur le champ de bataille... Oui, je vous forcerai bien à me plaindre, et à me rendre votre estime.

Il sort précipitamment.

SCÈNE XII.
LUCEVAL, SAVIGNY, BELHOMME LETOURNEAU, Officiers et Soldats; puis MAD. BELHOMME et plusieurs Soldats du train, *arrivant par la droite.*

SAVIGNY. Voici l'instant. Mes amis pas de confusion. (*A Luceval.*) Cent hommes jetés dans les bruyères qui hérissent cette colline. Canoniers à vos pièces. (*A d'autres.*) Les volontaires derrière ce retranchement.

Aux gens de l'équipage.

Vous camarades, la route de Siegberg... encombrez-là de charriots, de fourgons, abattez les arbres... couvrez-en les chemins, qu'ils soient arrêtés à chaque pas; au milieu, ce caisson rempli de poudre. Si l'ennemi force le passage, je puis, en y mettant le feu, protéger votre retraite, et retarder leur marche.

MAD. BELHOMME. Nous arrivons au bon moment, à ce qu'il paraît.

BELHOMME. Silence, les femmes...

LUCEVAL. Je ne sais quel est leur dessein; mais la moitié de la colonne vient de se jeter brusquement sur la gauche.

SAVIGNY. Sur la gauche!.. le défilé de Bodenthal est-il défendu?

LUCEVAL, *regardant*. Non, personne.

SAVIGNY. Ils le savent sans doute, s'ils s'en emparent, l'armée française est anéantie!

TOUS. Que dites-vous?

SAVIGNY. Pas un moment à perdre. Belhomme, prends les tambours, la musique, franchis le ravin, gagne le petit bois de Bellstein, qui masque le défilé, battez constamment la charge, vous attirerez sur vous le feu de l'ennemi... vous y trouverez tous la mort, peut-être... mais vous donnerez le temps à la division Marceau d'arriver, et vous aurez sauvé l'armée.

MAD. BELHOMME. Tu n'iras pas, j'es-

BELHOMME. Sois donc tranquille. Enfans... vous avez entendu le commandant. En avant... marche!

MAD. BELHOMME, *courant à lui*. Qu'est-ce que c'est; Belhomme?

BELHOMME. En arrière... c'est le passage des Thermopyles... je vais poser pour Léonidas. Vive la France!

TOUS. Vive la France!

MAD. BELHOMME. Belhomme, mon mari... je ne le verrai plus. Chaque coup me semble destiné à mon pauvre Belhomme... oh les misérables! et je ne pourrai pas le venger. (*Saisissant le fusil de Savigny.*) Si fait je n'ai plus peur de rien.

SAVIGNY, *criant aux canoniers*. Le nom-

bre l'emporte... enclouez vos pièces. (*Courant au caisson de gauche avec une mèche allumée.*) Si l'ennemi approche, je l'ensevelis avec moi sous les débris de ces remparts.

LUCEVAL. Arrêtez, commandant, la division Marceau a franchi tous les obstacles, elle se précipite à la baïonnette... l'ennemi est coupé... victoire ! victoire !

SCÈNE XIII.

Les Mêmes, LE REPRÉSENTANT DU PEUPLE, entouré de Généraux, d'Officiers supérieurs, CÉCILE.

CÉCILE. Mon père !

LE REPRÉSENTANT. Soldats... vous avez bien mérité de la patrie... elle saura récompenser votre dévouement. Citoyen Savigny !

SAVIGNY, *surpris*. Vous me connaissez ?

LE REPRÉSENTANT. J'avais des ordres que je suis heureux de pouvoir révoquer. Vous vous êtes vengé d'un arrêt injuste en sauvant votre pays... c'est sur le champ de bataille illustré par votre victoire, que la France doit réparer ses torts... au nom de la Convention Nationale dont nous avons les pleins pouvoirs, nous nommons le citoyen Savigny, général de brigade.

SAVIGNY et CÉCILE. Qu'entends-je !

TOUS. Vive notre général !

LE REPRÉSENTANT. Vous allez partir à l'instant pour Paris avec l'adjudant Leclerc.

EUGÈNE. Avec moi ?

LE REPRÉSENTANT. Vous y porterez ces drapeaux, gage glorieux du succès de cette journée... j'y serai en même temps que vous, et je saurai faire rendre, au général Savigny, la justice qui lui est due.

On entend des cris en dehors, *à mort ! à mort ! fusillé ! fusillé !*

SCÈNE XIV.

Les Mêmes, UN OFFICIER, *puis* PASCAL, *poursuivi par des autrichiens*.

SAVIGNY. Dieu ! le malheureux Pascal.

PASCAL, *éperdu*. Au nom du ciel, sauvez-moi de leur rage !

LES SOLDATS. C'est lui, c'est lui.

LE REPRÉSENTANT. Qu'est-ce donc ?

L'OFFICIER. Ce misérable que des prisonniers autrichiens ont reconnu, caché près d'une voiture, et qui cette nuit est venu dans leur camp vendre les secrets de l'armée française.

PASCAL. Non, non.

SAVIGNY. Arrêtez... je demande sa vie, je le connais... une erreur... son attachement pour moi, ont seul causé...

LUCEVAL. Que faites-vous, général, vous demandez la grâce de votre délateur.

TOUS. Lui !

PASCAL, *pétrifié en le reconnaissant*. Ciel !

LUCEVAL. C'est lui qui devant le tribunal révolutionnaire, est venu vous dénoncer, vous livrer... j'y étais... je l'ai vu.

TOUS, *s'éloignant de Pascal*. Ah !

SAVIGNY, *accablé*. O mon Dieu ! Eugène, je t'avais soupçonné... je te dois une réparation. Embrasse-moi, mon fils.

EUGÈNE. Est-il vrai ?

LE REPRÉSENTANT. Ce misérable... huit hommes sur le champ... dans le bois qu'il avait livré à l'ennemi.

PASCAL. La mort, eh bien oui ! elle est préférable aux tourmens qui me déchirent, je savais à quoi je m'exposais... c'est une partie que je jouais... je l'ai perdue. Marchons ! Ah ! cette voiture encore.

TOUS. Vive la France !

SCÈNE XV.

Les Mêmes. Soldats, BELHOMME, LETOURNEAU, Officiers d'État-Major.

BELHOMME. Oui, morbleu, vive la France.

MAD. BELHOMME. Belhomme... il est blessé.

BELHOMME. Commandant, vos ordres ont été exécutés, il n'en est resté que trois, et encore vous voyez. La dragée n'a pas touché la caisse ; mais elle a rencontré les baguettes.

LE REPRÉSENTANT. Brave homme !

SAVIGNY. Tu ne nous quitteras plus.

MAD. BELHOMME. Mon pauvre mari.

BELHOMME. Ne pleure pas, femme... l'Apollon est un peu endommagé ; mais le torse est encore très beau.

LE REPRÉSENTANT. Général, votre voiture.

SAVIGNY. O bonheur, c'est elle !

A Cécile en lui montrant Eugène.

Cécile, voilà ton mari. (*Lui montrant la berline.*) Et voici ta dot.

BELHOMME. Il n'y a plus de chevaux ; comment faire ?

LUCEVAL. Pour celui qui nous a conduits à la victoire... nous traînerons sa voiture jusqu'au premier relai. (*Aux soldats.*) N'est-ce pas, mes amis ?

TOUS. Oui, oui !..

On entend une détonation au dehors.

LE REPRÉSENTANT. Ainsi périssent les traîtres. Honneur et gloire à celui qui sauve son pays... honte éternelle à celui qui le livre.

TOUS. Vive la France !

Les jeunes gens entraînent la voiture au milieu des acclamations. — *La toile tombe.*

Imprimerie de J.-R. MEVREL, passage du Caire, 54.

www.ingramcontent.com/pod-product-compliance
Lightning Source LLC
Chambersburg PA
CBHW060502050426
42451CB00009B/783